내
인생의
36.5도

내
인생의
36.5도

글 · 사진

김요한

새물결플러스

36.5란 사람의 체온을 상징하는 숫자다. 인간의 체온은 36.5도 언저리에서 유지된다. 2020년 전 세계를 강타한 코로나19 팬데믹 상황에서 36.5란 숫자는 인간의 정체성을 규정하는 수치(기준)임을 다시 한번 확인시켰다. 공항을 통해 입출국할 때, 공공시설에 출입할 때 36.5란 숫자가 요구하는 기준을 충족시키지 못하면 '비정상적인' 혹은 '위험한' 사람으로 간주되어 차단 내지 격리되는 일이 비일비재했다. 여기에는 인종, 성별, 종교, 지위고하 따위가 상관없다.

비단 코로나19 사태가 아니더라도 건강한 사람의 체온은 36.5도를 유지한다는 것이 상식이다. 사람은 체온이 1도 올라가면 면역력이 5-6배 증가하는 반면, 체온이 1도 떨어지면 면역력이 30%가량 저하된다는 주장도 있다. 체온이 너무 높으면 뇌손상 등으로 치명타를 맞을 수 있고, 반대로 체온이 떨어지면 각종 질병에 걸리거나 심장 기능이 훼손되어 큰 낭패를 볼 수도 있다. 사람의 생사 문제가 36.5도를 유지할 수 있느냐 마느냐에 달린 셈이다.

자연히 우리 몸은 36.5도의 체온을 유지하기 위해 각고의 노력을 쏟는다. 국립과천과학관 이정모 관장의 계산에 따르면, 체중 70kg인 사람의 경우 체온 1도를 높이는 데 소용되는 에너지는 70kg짜리 물체를 약 430m 위로 들어 올리는 에너지와 맞먹는다고 한다. 따라서 36.5도를 유지하기 위해 우리 신체와 내장 기관이 온종일 쉼 없이 격렬한 노동을 하는 것이다.

이 책의 제목을 놓고 고민을 반복하다가 『내 인생의 36.5도』로 결정했다. 글을 통해 어떤 온도를 느꼈으면 하는 마음에서다. 더 정확히 말하자면 웃고 울고 사랑하고 분노하며 살아가는 한 인간의 '온도'를 느꼈으면 해서다. 그래서 사람의 체온을 상징하는 숫자로 제목을 표현해봤다.

지난 9년간 페이스북에 많은 글을 썼다. 대개는 종교, 정치, 사회적 이슈와 관련한 글이 주종을 이루었다. 하지만 꼭 그런 글만 쓴 것은 아니었다. 가끔은 사람 사는 이야기를 소재로 글을 쓰기도 했다.

내 개인적인 이야기들도 적지 않았다. 개인적인 신변잡기와 관련한 글 중 극히 일부를 추리고, 또 기억나는 일화를 중심으로 새로 글을 써봤다. 어떤 글은 온기를, 어떤 글은 냉기를 느낄 수 있겠지만 그럼에도 가급적 독자들이 편하게 읽을 수 있도록 썼다. 이 글을 통해 독자들이 아주 잠깐이나마 인간의 체온을 느낄 수만 있다면 글쓴이로서 더 바랄 것이 없겠다. 어떤 의미로든, 정상적인 체온을 유지하기가 쉽지 않은 세상이어서 그렇다. 특히나 종교인이라고 부르는 사람들의 체온이 너무 높거나 혹은 너무 낮아서 주변 사람들에게 심각한 민폐를 끼치는 세상이어서 더욱 그렇다.

2020년 11월

김요한

목사가 된 사연

나는 목회자 가정에서 장남으로 태어났다. 평생을 교회밖에 몰랐던 아버지와 어머니는 내가 아주 어린 시절부터 "너는 엄마 뱃속에서부터 하나님께 바친 사람이다"라는 말을 반복해서 들려주었다. 이 말인 즉슨 '너는 반드시 목사가 되어야 할 사람이다'란 뜻이다. 일종의 '세뇌'였던 셈이다.

초등학교 시절까지만 해도 그 말에 딱히 반감이나 불평은 없었다. 반드시 목사가 되어야 하겠다는 소명감이나 의지도 없었지만 그렇다고 해서 목사만큼은 절대로 안 되겠다는 생각도 없었다. 초등학생 나이에 걸맞게 축구와 야구 그리고 만화 (그리기) 등에 푹 빠져 있던 때였으므로 '목사'란 정체성에 대해 깊이 고민할 겨를이 전혀 없었다.

무슨 일이 있어도 '목사만큼은 절대로 되지 말아야겠다'는 굳은 결심을 하게 된 계기는 중학교에 진학하면서였다. 당시 신설 학교의

1회 입학생으로 중학교에 진학한 나는 한 달 만에 어찌어찌하여 전교학생회장에 당선되었다. 1회 전교학생회장이었던 셈이다. 학생회장 선출방식이 집안 배경 등을 종합적으로 고려하여 위에서부터 임명하거나 하달하는 방식이었다면 애당초 불가능했을 텐데, 불행인지 다행인지 모르지만 당시로써는 파격적으로 '준 직선제' 형태를 취했기에 학우들로부터 비교적 인기가 좋았던 덕을 보지 않았나 싶다. 아무튼 그렇게 해서 중학교 3년 내내 전교 학생회 임원을 하게 되었다.

문제의 사단은 학생회장이 된 지 며칠 후에 발생했다. 하루는 수업이 끝나고 학생주임 선생님이 교무실로 부르더니 넌지시 말했다. "요한아, 학생회장이 되면 먼저 선생님들 회식부터 시켜드리는 게 예의란다." 그 말을 듣는 순간 정신이 번쩍 들었다. 아주 짧은 순간이었지만 교무실 안을 휙 둘러보니 선생님들 숫자가 족히 60명은 넘어 보였다. 도저히 불가능했다. 당시 내가 어렴풋이 아는 선에서, 우리 아버지는 작은 개척교회를 목회하면서 교회로부터 한 달에 10만 원도 채 못 받던 때였다. 그런 어려운 형편에서 선생님들 대접하자고 빚을 내서 큰돈을 쓸 수는 없었다. 아니, 집에 가서 그 문제를 갖고는 입도 뻥긋 못할 게 분명했다. 그래서 학생주임 선생님 눈을 똑바로 쳐다보며 "죄송하지만 못하겠다"고 답했다. 그 순간, 눈에서 불이 번쩍했다. 분을 이기지 못한 학생주임이 내 뺨을 세게 갈겨댄 것이었다. 그 선생은 "똑똑한 놈인 줄 알았는데 말귀를 전혀 못 알아듣

네" 하면서 몇 차례 더 뺨을 때렸다. (1981년, 전두환이 기세를 떨치던 신군부 시절이니까 가능했던 상황이었으리라.) 솔직히 그 상황에서 가장 창피했던 것은 뺨을 맞았다는 사실보다는, 느닷없이 학생회장이 학생주임 선생에게 체벌을 받는 상황이 벌어지자 대체 무슨 영문인가 싶어 일순간에 내게로 쏠린 선생님들의 시선과 다른 용무로 교무실에 와 있던 동급생들의 시선이었다. 그 시선이 못내 따갑고 쓰라렸다. 하지만 어쩌랴. 한순간의 모멸이 집안 형편상 감당할 수 없는 큰돈을 지출하는 것보다는 훨씬 낫다고 판단했다. 그래서 묵묵히 뺨을 내줄 수밖에 없었다.

그렇게 한바탕 소동을 벌인 후 교무실 문을 나서 운동장을 가로질러 학교를 빠져나오는데 나도 모르게 닭똥 같은 눈물이 뺨을 타고 하염없이 흘렀다. 말할 수 없이 분했다. 부당하게 맞았다는 생각보다는, 왜 우리 아버지는 가난해서 자식에게 이런 수모를 당하게 하는지에 대한 원망이 더 컸다. 그때 처음으로 굳게 결심했다. "나는 절대로 목사만큼은 안 될 거야"라고. 14살 아이의 생각에는, 전교학생회장씩이나 된 죄(?) 때문에 뺨을 맞아야만 하는 납득할 수 없는 상황이 벌어진 까닭은 돈도 제대로 못 버는 가난한 목사의 아들이었다는 이유외에 다른 것을 찾기가 어려웠다. 그렇게 해서 나는 무슨 일이 있어도 목사는 안 되겠다는 생각을 확고히 굳혔다.

목사만큼은 절대 안 되겠다는 생각에 균열이 생긴 계기는

1988년에 일어난 한 사건이 결정적이었다. 1988년 가을, 서울 동작구 사당동 일대를 중심으로 대대적인 철거 작업이 시작되었다. 지금은 그곳이 전부 아파트촌이지만 1980년대 후반까지만 해도 사당동, 봉천동 일대는 서울의 여러 달동네 가운데 하나였다. 도시 미관 정비혹은 재개발이란 미명하에 가난한 서민들이 옹기종기 모여 사는 허름한 판잣집과 작은 벽돌집들이 거칠고 육중한 포클레인의 이빨에 갈기갈기 찢겨 나가고, 삶의 터전을 지키기 위해 저항하는 주민들은 용역 깡패들이 휘두르는 몽둥이에 뼈가 아스러지는 일들이 일상처럼 반복되었다. 10월의 가을 햇살이 따사롭게 머리 위로 쏟아지던 어느 날, 나는 철거 반대 투쟁을 위해 사당동으로 달려갔다가 그만 사복경찰에 잡히고 말았다. 그날은 서울 지역 총학생회 연합 산하 대학생들이 대거 사당동으로 몰려올 것이라는 정보를 바탕으로 엄청난 숫자의 경찰 인력이 미리 대기 중이었다가 곳곳에서 학생들과 격렬한 충돌을 벌였다. 당연히 양쪽의 감정이 격해진 상태였고 시위는 치열한 양상으로 흘러갔다.

백골단이라 불리던 사복경찰에 잡혀 연행된 나는 역시 경찰에 붙잡혀온 몇몇 타 대학 학생들과 함께 소위 닭장차에 실려 관악경찰서 4층에 자리한 '대공과'로 옮겨졌다. 경찰서 마당에서 우리를 인계한 담당 형사가 이런 사건의 경우는 보통 1층 수사과에서 조사를 하는데 오늘 잡혀 온 놈들은 대공과에서 맡기로 했다고 말했다. 대공과라는 단어를 듣는 순간 나는 '이게 뭐지' 하는 불안감이 엄습했다. '대공과라면 간첩 혐의를 받는 사람들을 조사하는 데가 아니던가? 일 년 전에 박종철 열사도 대공분실에서 조사받다가 죽었는데…' 하는 생각이 뇌리를 스쳤다.

여기서 자세히 설명할 수는 없지만, 아무튼 그때 관악경찰서 대공과에 붙들려 있던 닷새 남짓한 기간 동안 태어나서 가장 심한 모욕, 협박, 구타를 당했다. 조사가 거듭될수록 조서를 꾸미는 형사의 손가락이 실제 사건보다 일을 점점 더 크게 만들고 있다는 두려움이 스멀스멀 밀려왔다. 가장 큰 염려는, 만약 여기서 구속될 경우 어머니의 상심이 얼마나 클지였다. 하루는 자정이 조금 넘은 시간에 경찰서 유치장 벽에 몸을 비스듬히 기댄 채 지친 몸과 마음을 달래고 있는데, 보초를 서는 전경 한 사람이 내 쪽으로 다가와 스치고 지나가듯 한마디 했다.

"목사님이 되셔야 할 분이 왜 이런 데 계십니까?"

나는 지금도 왜 그 순간에 그 전경이 내게 그런 말을 했는지 이해하지 못한다. 다만 그때 그 자리에서 그가 던진 말 한마디가 내 인생을 송두리째 바꿔놓은 것만은 사실이다. 내게는 그 전경의 한마디가 마치 '성령의 음성'처럼 날카롭게 가슴에 와 꽂혔다. '아, 내가 목사가 되어야 하는 사람이구나' 싶었다. 나는 삐딱한 자세를 바로 고친 다음 그 자리에서 무릎을 꿇고 기도를 드렸다.

"주님, 만약 제가 여기서 구속을 면하고 무사히 나가게 되면 앞으로 열심히 신학 공부를 해서 좋은 목사가 되겠습니다."

다행히 며칠 후 담당 형사가 나를 석방시켜주며 한마디 덧붙였다. "야, (많이 때려서) 미안하다. 말은 안 했지만 나도 사실은 교회 다니는 사람이다. 교회 다니는 사람끼리 너를 구속시킬 수 없어서 내보내는 것이니까 앞으로는 절대 이런 데 오지 마라."

돌이켜보면 그 이후 지난 30년 동안 일절 한눈 안 팔고 나름대로 '좋은 목사'가 되려고 성실하게 노력했던 것 같다. 그 시간 동안 단 한 번도 신학을 공부하고 목사가 된 것을 후회한 일이 없었다. 내 인생에서 이십 대 초반 이후의 30년 세월은 1988년 10월의 어느 날 관악경찰서 유치장에서 '서원'드렸던 바를 충성스럽게 지키기 위한 몸부림이었다고 할 수 있다.

하지만 요즘 나는 마치 가을바람에 흔들리는 코스모스처럼 종종 '목사'가 된 것에 대한 심란한 마음을 감출 길이 없다. 세상과 교회가 돌아가는 모양새를 보면 괜히 목사가 되었나 싶은 허한 마음이 들곤 한다. 대체 왜 이럴까?

아버지의 비뚤어진 치아

오랜 세월을 지근거리에서 지켜본 내 아버지의 삶은 '고생' 자체였다. 아버지는 남다른 신앙, 열정, 재능, 부지런함을 두루 갖추었지만 대체로 '박복'한 사람이었다. 누구보다 열심히 살았지만 결과적으로 본인 손에 쥐는 것은 적었고, 놀라운 영적 은사와 능력으로 수많은 사람을 도와주었지만 뒤통수를 맞기 일쑤였다.

그렇지만 나는 아버지가 자신의 삶을 놓고 '힘들다'는 표현을 쓰는 것을 본 적이 없다. 가족의 입장에서 곁에서 지켜보면 분명 힘들 법도 한데 정작 본인은 그런 마음을 내비치질 않았다. 어려서부터 고생을 많이 해서 그런 건지, 젊은 시절에 해병대를 다녀와서 그런 건지, 아니면 깊은 기도 생활을 해서 그런 건지는 모르겠으나 어쨌든 아버지는 자신의 삶이 힘들다는 말을 함부로 입에 담지 않았다.

아버지는 결코 모진 사람이 아니었다. 타고난 성정이 차갑거나 매섭지 못해 결과적으로 자주 사람들에게 사기 혹은 배신을 당했다.

그렇지만 아버지는 하나님이 맡겨주신 일이라고 생각되는 부분에 대해서는 가히 독종이라 할 정도로 놀라운 투혼을 보여주었다. 아마 1990년의 일로 기억한다. 당시 아버지가 한동안 계속 속이 쓰리고 아파서 서울아산병원에 진료를 받으러 갔다가 '담낭암' 진단을 받은 적이 있다. 의사는 혹시 다른 부위에도 암이 퍼져 있을 수 있다고 했다. 너무나 충격적인 소식이었다. 부랴부랴 수술 날짜를 잡고, 알음알음 최대한 인맥을 동원하여 가장 실력이 좋다는 의사에게 수술을 부탁했다. 그런데 수술 당일 복부를 25cm가량 절개해놓고 보니 기가 막히게도 오진이었음이 드러났다. 쓸개가 길게 늘어진 것을 암이라고 잘못 판단한 것이다. 결국 쓸개만 제거하고 배를 다시 덮었다. 하지만 복부를 길게 절개했기에 당분간 충분한 휴식과 몸조리가 필요했다. 그날은 금요일이었는데 오전에 수술을 시작해서 오후 늦게 끝났다. 나는 저녁 무렵이 되어서야 병실로 돌아온 아버지를 만날 수 있었다.

　아버지가 금요일에 수술을 받고 저녁에야 의식을 완전히 되찾았기 때문에 이틀 후 드려질 주일예배는 당연히 다른 사람이 집례해야 했다. 이것은 삼척동자도 분간할 수 있는 일이었다. 교회에서는 이에 맞춰 예배가 차질 없이 진행될 수 있도록 준비를 했다. 그런데 맙소사! 아버지가 주일 아침에 몰래 병원을 빠져나와 몸에 링거줄과 쓸개즙이 계속 흘러나오는 고무호스를 대롱대롱 매단 채 오전 10시 30분쯤 교회에 나타났다. 너무 놀라서 어찌 된 영문이냐고 물어보니, 목사가 주일날 설교 강단을 비울 수가 없어서 왔노라며 고무호스를 매단 채 한 시간 가까운 설교를 마치고 다시 병원으로 돌아가셨다. 까무러칠 노릇이었다. 하지만 돌아가신 아버지를 생각하면 이런 일화들이 적지 않다. 그만큼 하나님께 충성스러운 분이었다.

그런 아버지가 살면서 딱 한 번 '힘들었다'고 심정을 토로한 적이 있다. 아버지는 앞니가 심하게 뒤틀려 있었는데, 어린 시절 나는 그 치아가 눈에 거슬렸다. 아니, 눈에 거슬렸다기보다는 잔뜩 비뚤어진 치아를 가진 아버지가 불쌍했다. 그렇지만 차마 왜 그렇게 흉하게 비뚤어졌냐고 물어볼 엄두가 안 났다.

그 사연을 알게 된 것은 내가 성인이 되어서다. 가족들끼리 식사를 하던 자리에서 아버지가 그 사연을 말해주었다. 5·16 군사쿠데타가 일어난 지 얼마 안 되었을 때 아버지는 해병대 108기(혹은 109기?)로 군 생활을 시작했다. 당시 해병대는 개병대 소리를 들을 만큼 무지막지했다고 한다. 아홉 살 때 회심한 이후 새벽기도를 빠져본 적이 거의 없을 정도로 신앙생활을 열심히 한 아버지는 해병대에 가서도 주일성수는 물론이거니와 매일 새벽 3시 이전에 혼자 일어나 침상에 엎드려 새벽기도를 드릴 정도로 철저한 신앙을 준수했다. 또 술과 담배를 일절 입에 대지 않았다. 이런 아버지의 모습이 부대 선임병들 눈에는 아주 고깝게 보였는지 툭하면 교회에 가지 말라, 함께 술을 먹자는 협박이 일상다반사로 이어졌다고 한다. 어느 주일날에도 여느 때처럼 교회에 다녀오자, 화가 잔뜩 난 선임병들이 표독한 얼굴로 아버지를 기다리고 있었다. 그들은 아버지에게 완전군장을 지운 채로 길고 무거운 M1 소총을 입에 물고 밤새 연병장을 돌게 했다. 그날 받은 기합 때문에 앞니가 심하게 뒤틀린 것이다. 그 이야기를 담담한 표정으로 말씀하면서 아버지가 한마디 덧붙였다.

"그날 밤은 정말 힘들었단다."

그때가 내가 살면서 아버지에게 '힘들었다'는 말을 처음이자 마지막으로 들어본 날이다.

미안하다고 말하는 신

내가 아버지께 처음으로 집에서 쫓겨난 것은 여섯 살 때였다. 당시 아버지는 충청남도 당진군 정미면 수당리란 외진 곳에서 작은 시골 교회를 개척하여 담임 교역자로 섬기고 있었다. 내가 태어날 무렵에는 서울 수색에서 목회를 했는데, 수당리 출신 지인의 간곡한 부탁을 거절하지 못해 '한 달' 기약으로 전도여행을 왔다가 발목을 붙잡혔다고 한다. 젊은 시절 성령의 능력과 은사가 강력하게 나타나던 아버지는 주중에는 전국을 다니면서 부흥집회를 인도했고, 매주 금요일부터 주일까지는 당진에 머물면서 교회를 돌보았다. 절대다수 시골 목회자들의 생활이 그렇듯 우리 집 형편도 빈곤하기 이를 데 없던 시절이었다.

한번은 아버지가 서울을 다녀오는 길에 사랑하는 큰아들을 위해 과감하게 백화점에서 고급 털 잠바를 하나 사 오셨다. 당신 입장에서는 통 크게 돈을 쓴 것이다. 서울에서부터 털 잠바를 들고 내려오시던—당시는 서울에서 고속버스를 타고 천안에 내린 후 다시 시외버스를 타고 대운산리란 곳에서 하차한 다음 3시간가량 산길을 걸어야만 집에 당도할 수 있었다—아버지의 마음이 얼마나 뿌듯했을지를 상상하기란 전혀 어렵지 않다.

아버지는 환한 미소를 만면에 머금고 손수 새 잠바를 아들에게 정성스레 입혀주었다. 동네 친구들에게 새 옷을 자랑하고 싶어진 나는 꽤 먼 거리에 있는 마을까지 쏜살같이 달려갔다. 때마침 아이들이 한데 모여서 쥐불놀이를 하고 있었다. 검정 숯 자국과 땟자국이 범벅인 얼굴에 콧물이 잔뜩 눌어붙은 옷을 입은 가난한 시골 아이들의 눈에, 서울에서 방금 공수된 털 잠바를 입은 내 모습은 정말 경이로웠을 것이다. 삽시간에 동네 아이들이 모두 내 주변으로 모여들어 여기저기 옷을 만져보며 부러운 눈길을 거두지 못했다. 나도 그 분위기에 취해 한껏 우쭐댔다. 그리고 함께 쥐불놀이를 하면서 정신없이 즐거운 시간을 보냈다. 그렇게 왁자지껄 어울려 놀다가 무심코 새로 입은 잠바의 손목을 보았는데, 아뿔싸 손목 부분이 불에 그슬려 일그러져 있었다. 사태가 예사롭지 않다는 것을 직감한 나는 마음이 철렁 무너지는 것 같았다. 집에 가서 아버지한테 뭐라고 말을 해야 할지 도무지 감이 오질 않았다.

야단맞을 걱정에 잔뜩 위축되어 집에 돌아온 나는 쭈뼛쭈뼛 눈치를 보다가 이윽고 사실대로 털어놓았다. 그 이야기를 듣자마자 아버지는 불같이 화를 냈다. 아마도 '이게 어떻게 해서 사 온 옷인데 그 걸 반나절도 못 되어 불에 태워 먹었는가' 해서 기가 막혔을 것이다. 분을 참지 못한 아버지가 버럭 한마디 했다. "당장 집에서 나가라!" 그렇게 해서 내 인생에서 처음으로 집에서 쫓겨났다. 만약 그때 아버지 앞에서 울고 불며 잘못했다고 싹싹 빌었다면 혹시 종아리 몇 대 맞고 끝났을지 모르겠지만, 어려서부터 유달리 자존심이 강했던 나는 끝내 잘못했다는 말을 꺼내는 대신 진짜 집 밖으로 걸어 나가 몇 시간 동안 세찬 겨울바람을 맞아가며 주변을 배회했다. 몇 시간 후 어머니가 조용히 나와 다시 나를 데리고 들어가지 않았다면 어쩌면 밤늦게까지 버텼을지도 모른다.

　문제는 내가 집에서 쫓겨난 일이 그때가 마지막이 아니었다는 것이다. 그 후로 초등학교 시절에 몇 번, 중학교 시절에 몇 번, 고등학교 시절에 몇 번 더 집 밖으로 추방(?)을 당했다. 물론 사태의 시작과 전개는 늘 똑같았다. 내가 뭔가 잘못을 저질렀고, 그 일로 속이 상한 아버지는 내게 "그런 식으로 살 거면 차라리 집을 나가라"고 했다. 사실 내가 잘못했다는 일도 따지고 보면 별것 아닌 경우가 대부분이었고, 그 정도로 자식을 집에서 쫓아낼 일도 아니었다. 하지만 아버지의 도덕적 기준은 항상 다른 사람보다 높았고, 훨씬 더 철저하고 까다로웠다. 특히 아내의 뱃속에서부터 첫아들을 목사로서 하나님께 바쳤다는 아버지의 기도는 그 아들이 일체의 흠과 티를 몸에 묻히는 것을 허락하지 않겠다는 강고한 신념으로 표출되었다. 그래서 동생들에게는 항상 너그럽기 그지없던 아버지가 유독 내게는 엄격했다.

아버지가 나더러 "차라리 집을 나가라"고 할 때 진짜로 쫓아낼 생각이 있었던 것은 절대 아닐 것이다. 그때마다 내가 애교를 살살 부리면서 "아부지, 잘못했어요. 다음부터는 안 그럴게요" 하고 능청을 떨면 서로 기분 좋게 끝날 텐데, 쓸데없이 자존심이 강했던 나는 그게 죽기보다 더 싫었다. 오히려 나는 "나가라고 하면 내가 못 나갈 줄 알아?" 하면서 실제로 집을 뛰쳐나갔다.

초등학교 시절에는 막상 집을 나와도 마땅히 갈 데가 없었다. 밤 늦게까지 동네를 빙빙 돌다가 이쯤이면 아버지가 주무실 시간이다 싶을 때 몰래 집으로 기어들어 갔다. 자식이 몰래 들어오는 것을 당연히 인지했을 부모님은 아무런 내색 없이 곤하게 주무시는 척했다.

하지만 고등학생이 되고 나니 사정이 달라졌다. 이 무렵부터는 아버지한테 무엇을 잘못해서 혼나는 경우는 거의 없어지고, 아버지와 생각이나 의견이 달라서 충돌하는 경우가 점점 늘어나기 시작했다. 특히 중학교를 졸업하고 고등학교에 입학하던 몇 달 어간에 우연히 '광주의 진실'을 알고 난 다음부터 급격히 정치에 대한 관심이 많아지고 언사가 과격(?)해지는 아들을 보면서 아버지는 불안한 마음이 들었을 것이다. 아버지와의 격렬한 의견 충돌이 있고 난 뒤, "그렇게 생각하고 살려면 차라리 집을 나가서 네 맘대로 혼자 살아라"

하는 말이 떨어지면 나는 미련 없이 집을 나와서 혼자 교회로 갔다. 그리고 한두 시간가량 교회 예배당 강단에 엎드려 기도한 후 장의자에 누워 잠을 자다가 새벽기도 시간 전에 빠져나와 집에 들러 책가방을 챙겨 학교로 갔다. 어린 시절에는 집에서 쫓겨나면 마음이 불안하고 슬펐는데, 고등학생이 되니 외려 교회에서 기도하다가 잠을 자는 게 마음이 아주 편했다. 대학생이 되어서도 시국 문제로 아버지와 말다툼 끝에 집을 나와 예배당에 가서 철야를 했던 일이 일 년에 몇 번씩 있었다. 하지만 이게 별문제가 안 되었던 것은, 내 가출이 정확히 24시간 이상을 넘기지 않았기 때문이다. 비록 집을 뛰쳐나와 예배당에 가서 하룻밤을 자더라도 그다음 날은 천연덕스럽게 집에 들어가 아무런 일도 없었다는 듯이 아버지와 같이 식사도 하고 대화도 했다.

정신분석학자들이 사람의 어린 시절은 어떤 식으로든 평생 몸에 배어 있다고 진단하듯이, 내가 여섯 살 때 처음으로 집에서 쫓겨났던 일, 그리고 청소년기를 거치면서 일 년에 몇 번씩 집을 뛰쳐나와 예배당에 가서 밤새워 기도하며 잠을 청했던 버릇은 미처 생각하지 못했던 방식으로 내 무의식과 몸에 각인되었다. (하지만 나는 그 사실을 마흔이 될 때까지 전혀 인지하지 못했다.) 스물넷에 전도사 생활을 시작하여 스물일곱 이른 나이에 목사 안수를 받고 십수 년을 목회하는 동안 교회 일로, 특히 사람들 일로 마음이 힘든 날이 많았다. 교회도 사람들이 모이는 곳이라 어쩔 수 없이 별의별 일들이 발생했고, 그것들 대부분은 결국 담임 목사인 내 어깨를 짓눌렀고 날카로운 창끝처럼 내 심장을 찌르기 일쑤였다. 목회 문제로 힘든 일이 생길 때마다 나는 마치 자동 프로그래밍이 된 것처럼 밤이면 저절로 발걸음이 예배당으로 향했다. 예배당에 도착하면 본당 강대상 앞에 엎드려 몇 시간이고 그 문제로 기도한 다음 잠깐 눈을 붙였다가 새벽기도를 인도하고 집으로 돌아오곤 하였다. 그때마다 마음이 얼마나 평안했는지 모른다. 또한 그런 내 모습을 보면서 모든 문제를 오직 기도로 해결하려고 하는 내가 '참 경건한 목사'인 것처럼 여겨졌다.

그런데 이런 나의 오해와 착각(?)이 근본부터 와르르 무너진 사건이 벌어졌다. 어느 날 기도를 하는데 성령께서 환상을 하나 보여주셨다. 추운 겨울에 어린아이가 혼자 웅크리고 앉아 서럽게 울고 있는 장면이었다. 자세히 보니, 아무래도 그 아이가 꼭 나인 것 같았다. 잠시 후에 예수님이 다가오시더니 아이의 손을 붙잡고 "미안하다, 미안하다" 하시면서 함께 울었다. 예수님이 미안하다고 하자, 아이가 비로소 울음을 그쳤다. 잠시 후 예수님과 아이는 함께 손을 잡고 형언하기 어려운 눈부신 빛 사이로 걸어 들어갔다. 그 장면을 본 직후 더 이상 기도를 이어갈 수 없었다. 나는 그 자리에 반쯤 엎어져 말 그대로 대성통곡을 했다. 사실 따지고 보면 내가 어린 시절부터 마음이 속상하고 힘들 때마다 예배당에 가서 기도를 하던 버릇은 아버지와

나 사이의 문제에서 비롯된 것이었다. 그런데 내 어린 시절의 상처와 트라우마를 놓고 예수님이 본인의 잘못인 것처럼 "미안하다"며 우시는 장면에서 나는 놀라운 위로와 치유를 경험했다.

그날 그 사건은 내게 하나님에 대한 전혀 다른 인식을 심어주었다. 세상에 똑똑한 신, 전능한 신, 잘생긴 신, 웃는 신, 화난 신, 인자하고 영험한 표정을 한 신은 많지만, 한없이 보잘것없는 피조물에게 미안하다고 말할 수 있는 신이 또 있을까? 자신의 잘못도 아니면서 인간의 상처와 쓰라림을 자기 책임으로 기꺼이 돌리는 신이 또 있을까? 결국 십자가에 매달린 그분은 인간에게 "미안하다, 모두 전적으로 내 책임이다"라고 말씀하는 신이 아닐까!

체온 없는 신학이 무슨 소용인가?

대학을 졸업하고 신학대학원에 진학하기 얼마 전, 국군보안사 요원 두 사람이 나를 찾아왔다. 이들이 나를 찾은 까닭은, 만약 대학원에 가서도 계속 시위 주동(?)을 할 것 같으면 지금 당장 사병으로 입대를 시킬 것이고, 그렇지 않고 공부에만 전념하겠다고 하면 입대를 미룬 상태에서 대학원 진학을 허락하겠다며 이에 대한 확약을 받고자 함이었다. 그때 나는 이미 마음속으로 신학을 열심히 공부해서 좋은 목사가 되어야겠다는 결심을 굳힌 상태였기 때문에 순순히 그 제안을 받아들였다.

1990년 12월 어느 날, 신학대학원 면접이 있었다. 당시만 해도 한국 개신교가 최고 전성기를 구가할 때여서 신학대학원 입학 경쟁률이 무척 높았다. 집안 형편이 넉넉지 못했던 나는 면접 장소에 입고 갈 양복이 없었다. 그래서 (별 문제의식 없이) 유일하게 갖고 있던 마이 스타일의 겉옷 안에 싸구려 와이셔츠와 넥타이를 받쳐 입고 면접

장에 갔다. 정말이지 그때까지만 해도 신학교 입학하는 데 옷차림이 문제가 될 것이라고는 꿈에도 생각을 못했다.

수많은 학생이 담당 교수별로 배정된 순서와 질서를 따라 들락거리면서 일사불란하게 면접이 진행되었다. 내 면접을 맡은 주심은 '칼빈주의' 강의로 유명한 분이었다. 내 차례가 되어 면접실 문을 열고 방 안에 들어서자, 나를 본 그 교수님은 다짜고짜 화를 내며 "나가!"라고 고함을 쳤다. 이유인즉슨, 장차 목사가 될 학생이 신학교에 면접 보러 오면서 '양복'도 안 입고 왔다는 것이었다. 그 교수가 볼 때, 나는 목사가 될 기본 태도조차 안 된 사람이었다.

기가 막혔다. 집안 형편이 여의치 못해서 양복을 못 입고 온 것을 갖고 목사가 될 소양이 없다며 면접 기회조차 박탈하는 것이 참으로 야속하게 느껴졌다. 하지만 어쩌겠나? 담당 교수가 내쫓는데 말이다. 원래 나야 나가라면 군말 없이 나가는 스타일이 아니던가? 어쩌면 이것이 목사가 되지 말라는 신의 계시일 수도 있겠다 싶었다. (이런 게 신학교인가 하는 마음에) 하도 어이가 없어 두말하지 않고 돌아서서 밖으로 나오려는 찰나, 주심 옆에 조용히 앉아 있던 부심 교수님 한 분이 급하게 나를 불러 세웠다. 그러더니 옆에 있던 주심 교수에게 나직하게 말을 걸었다.

"교수님, 이 학생 대학교 성적표를 보니 공부를 아주 잘하는 사람입니다. 이런 인재를 면접도 안 하고 내쫓는 것은 아닌 것 같습니다."

그분의 설득이 먹혔는지 주심을 맡은 교수가 나보고 다시 들어
오라고 했다. 그러더니 질문은 한 마디도 안 하고 10분 가까이 올바
른 품행에 대한 잔소리만 잔뜩 늘어놨다. 어쨌든 그 덕에 나는 무사
히 신학대학원에 입학할 수 있었다.

그때 "이 학생이 공부를 잘하는 인재입니다"라며 나를 변호해
준 분이 천정웅 교수님이다. 천 교수님이 일 년 후 암으로 돌아가셨
기 때문에 수업을 들을 기회가 거의 없어 학문적으로 그분께 받은
영향이나 도움은 미미한 수준이지만, 내게는 언제나 가장 인상적인
선생님으로 남아 있는 분이다. 솔직히 신학대학원에서 6학기 동안
130학점에 육박하는 많은 과목을 들었지만 그것들 대부분은 졸업 후
2-3년이 못 되어 새까맣게 잊어버리는 것이 상례다. 하지만 어느 선
생님이 냉랭하고 야박했는지, 반면 어느 선생님이 따뜻하고 자상했
는지는 평생토록 잊히지 않는다.

내가 공부하고 졸업한 신학교는 자칭 보수 정통주의 혹은 개혁
주의 신학을 파수한다는 자부심과 자신감으로 충만한 곳이었다. 하
지만 내가 그곳에서 적지 않은 세월 동안 직접 목격한 현실은, 행
여 신학은 웅장할지 모르나 그 신학을 전공하는 사람들은 속이 편협
하고 자기밖에 모르는 소인배인 경우가 비일비재했다. 입으로는 하
나님의 사랑을 외치면서도 실제로는 매정하고 무자비한 경우가 흔

했다. 그들 중 어떤 이들은 정치적인 이해관계를 따라 편당을 갈라 이합집산을 거듭하면서 자신의 라이벌 혹은 정적이라 생각되는 사람들을 이단 혹은 자유주의로 몰아 교리적인 사형을 구형하는 것을 마다하지 않았다. 그런 모습을 볼 때마다 나는 '과연 인간의 체온이 실종된 신학이란 게 무슨 소용이란 말인가?' 하는 자괴감을 금할 길이 없었다.

추기. 1996년 내가 군종장교 교육을 마치고 맹호부대에 배치된 후 얼마 안 지나, 1990년에 나더러 '양복'을 안 입었다고 면접 기회조차 박탈하려 했던 교수가 직접 전화를 했다. 그리고 자신의 아들이 이번에 군에 입대했는데 혹시 군종병으로 발탁해줄 수 있는지를 간곡히 물었다. 나는 그 일이 내 권한 밖의 일이므로 청을 들어주기가 어렵겠다고 정중하게 답했다. 물론 그분은 내가 자신이 5년 전에 입학 기회조차 빼앗으려고 했던 학생인 줄은 꿈에도 몰랐을 것이다. 그런 것을 보면 세상만사가 참 오묘하다. 아무튼 그 전화를 끊고 혼자 씁쓸한 마음을 주체하기 어려웠던 적이 있다.

스승들과의 만남

1980년대, 부조리한 사회 현실 때문에 심장이 뜨겁게 펌프질하던 이십 대 초반을 보냈지만 공부를 게을리하지는 않았다. 대학에 입학하고서 가장 먼저 구입한 책은 칸트의 『순수이성비판』과 헤겔의 『정신현상학』이었다. 고등학교 시절부터 대학에 가면 철학이란 것을 제대로 공부해봐야겠다는 욕심도 있었지만, 더 큰 이유는 '지적 허영심' 때문이었다. 대학생이 되었으니 무조건 칸트와 헤겔 정도는 읽어줘야 할 것 같았다. 그렇게 해서 손에 쥔 알량한 지식 나부랭이를 한껏 뽐내고 싶었다.

하지만 현실은 냉혹했다. 『순수이성비판』과 『정신현상학』을 반복해서 펼쳐 봐도 까만 것은 글자고, 하얀 것은 종이라는 사실 외에는 무슨 말인지 도통 이해 불가였다. 그러거나 말거나 꾸역꾸역 칸트와 헤겔의 책을 옆구리에 끼고 살았다. 버스를 탈 때도, 지하철을 탈 때도 일부러 사람들이 책 제목을 볼 수 있게끔 책등을 앞으로 내민 채 무릎 위에 올려놓았다. 학교 벤치에서 낮잠을 잘 때도 책 제목이 눈에 띄게 위치시킨 다음 그 위에 머리를 대고 누웠다. 그렇지만 책의 내용은 늘 오리무중이었다. 그 시절의 나는 일종의 지적 위선자였던 셈이다.

그러다가 대학교 3학년 1학기 때 한 학기 동안 칸트의 '순수이성비판' 수업을 수강했다. 3학년 2학기 때는 역시 한 학기 동안 헤겔의 '역사 철학'을 배웠다. 독일에서 칸트와 헤겔을 제대로 공부한 교수님께 직접 강의를 듣다 보니 그제야 희미하게나마 그들의 사상이 이해되기 시작했다. 역시 사람은 좋은 선생님을 만나야 배움의 문제가 풀리는 법이다. 우리가 살면서 누릴 수 있는 귀중한 복이 많지만 그중에서도 손에 꼽는 복 하나는 좋은 선생님을 만나는 것이 아닌가 싶다.

당시 내게 철학을 가르쳐준 분은 김종두 교수님이다. 서울대를 졸업하고 미국으로 유학 가서 원래는 신학을 공부했는데 개인적인 계기가 있어 그 후 네덜란드와 독일에서 오랫동안 다시 철학을 공부하면서 칸트와 도예베르트 전공으로 박사학위를 받은 분이었다. 김종두 교수님을 만나서 본격적으로 철학에 흥미를 느낀 나는 (철학 전공자도 아니면서) 철학책을 끼고 살다시피 했고, 나를 좋게 본 교수님의 제안으로 대학교 4학년 때는 그분의 조교를 맡기도 했다. 지금도 선명하게 기억나는 한 장면이 있다. 당시 연구실에서 교수님과 함께 있다가 점심시간이 되어 식사하러 나가시자고 말씀드리자 교수님이 정중하게 사양하면서 이렇게 말씀하셨다.

"미스터 킴, 미안합니다. 제가 매일 최소 8시간 이상 공부를 해야 하는데 어제는 다른 바쁜 일 때문에 그 시간을 못 채웠기 때문에 오늘 점심을 굶으면서 반성을 해야 합니다."

오랜 세월이 흘렀지만 종종 공부 시간을 다 못 채운 벌을 스스로에게 부과한다면서 점심을 굶던 교수님의 모습이 지금도 눈에 선명하다. 실상 교수님의 그런 절제된 모습에서 나는 칸트나 헤겔의 철학보다 더 많은 것을 배우곤 했다.

그 뒤 신학을 본격적으로 공부하기로 결심하고 나서 만난 선생님들 중 내 인생에 가장 큰 영향을 미친 분을 꼽자면 신약학자인 김세윤 교수님이다. 1990년대 초반 몇 년간 김세윤 교수님과 가족처럼 지내면서 또 그분의 조교를 하면서 함께 보낸 시간은 내 인생에서 어떤 값을 주고도 살 수 없을 만큼 소중한 기간이다. 아마 그분을 만나지 못했더라면 나 혼자 수십 년에 걸쳐 공부하면서 힘겹게 터득해야만 했을 신학적 지식을, 그분과 함께 있으면서 불과 수년 안에 습득하게 되었으니 말이다.

김세윤 교수님은 나와 단둘이 있을 때면 종종 다음과 같이 주지시켜주곤 했다. "요한아, 공부를 할 때 처음에는 사람이 책을 소개하지만 나중에는 책이 책을 소개하는 법이란다. 그러니 학문적인 책을 읽을 때는 건성으로 보지 말고 학자들이 무슨 책에서 어떤 주장을 하는지 유심히 살펴 가면서 읽어야 한다." 그 말씀을 가슴에 새긴 나는 그 후로 책을 볼 때마다 각주 하나도 허투루 지나치지 않고 거기 나온 서지 정보나 논문 정보를 꼼꼼히 암기하는 버릇을 갖게 되었으며 이런 독서 이력이 쌓일수록 내 학문적 안목이 급격하게 넓어짐을 느낄 수 있었다.

김세윤 교수님은 여름과 겨울 방학 때면 가족들과 함께 독일 혹은 미국으로 연구차 출국하셨고 그 기간에 반포의 아파트 열쇠를 내게 맡기면서 방학 동안 본인의 서재에서 공부해도 좋다고 하셨다. 덕분에 나는 학생 신분으로 국제적인 신학자의 서재에 앉아 책을 읽는 호사를 누리곤 하였다. 솔직히 김 교수님의 서재에서 책을 읽는 것보다는, 과연 대학자의 서재에는 어떤 책들이 있을까 싶어 책 한 권 한 권의 서지정보를 꼼꼼히 체크하는 게 더 큰 즐거움이었다. (그때 습득한 지식이 훗날 내가 신학 서적 전문 출판사를 운영하는 데 큰 도움이 될 줄 당시에 누가 알았겠는가!) 하루는 김 교수님의 서재를 꼼꼼히 살피는데 한쪽 귀퉁이에 족히 대여섯 개쯤 될 법한 사과 박스가 가지런히 쌓여 있는 것이 보였다. 호기심이 발동해 상자를 열어보니 그 안에는 김세윤 교수님이 이십 대 중반부터 20년 넘게 읽은 신학 서적의 내용을 요약하고 분석·비평한 메모가 가득했다. 방학이 끝날 무렵 귀국한 교수님을 붙잡고 그 메모가 무엇이냐고 여쭤봤더니, 한 번 읽었던 두꺼운 신학책들을 매번 다시 읽을 수 없는 노릇이므로 메모장에 그 책에 대한 요약과 분석을 꼼꼼하게 정리해놓은 다음 시간이 날 때마다 메모장을 보면서 암기하셨다는 대답이 돌아왔다.

또 한번은 김 교수님이 거주하던 반포주공아파트 바로 옆집에서 화재가 발생한 일이 있었다. 스피커를 통해 다급히 흘러나오는 "불이 났으니 꼭 필요한 귀중품만 챙겨서 신속하게 대피하라"는 안내방송을 들으면서 교수님이 아주 짧은 순간에 '내게 가장 귀중한 것이 무엇이지?' 하고 생각을 해보니 가족이 1번이고 2번은 지금 쓰고 있는 논문이란 생각에, 부랴부랴 컴퓨터에 삽입된 플로피 디스크를 챙겨서 탈출했다는 이야기를 들으면서 나는 '학자의 투혼' 비슷한 것을 느꼈다.

모순덩어리 한국사회를 마주한 채 개인적으로 많이 분노하고, 아파하고, 방황하며 좌절했던 이십 대 초중반을 보내면서도 내가 책을 손에서 놓지 않을 수 있었던 결정적인 원동력은 두 분 교수님의 삶을 가까이에서 지켜보며 받은 도전이 매우 컸기 때문이었으리라.

카메라를 처음 손에 쥐다

내가 카메라를 처음 구입한 날은 1994년 4월 14일이다. 하루 전날인 4월 13일에 나는 스물일곱의 젊은 나이로 목사 안수를 받았다. 당시 군종장교 후보생이었기에 가능했던 일이다. 소속 교단(합동) 헌법에는 만 30세 이상만 목사 안수를 받도록 명시되어 있었지만 군목과 선교사 후보에 대해서만은 좀 더 일찍 안수를 받도록 예외 규정을 두었던 것이다.

카메라를 구입한 이유는 한마디로 그림에 대한 오랜 갈증 내지 미련 때문이었다. 어려서부터 미술과 작문에 약간의 재주를 보였던 나는 초중고등학교 시절 학교 대표로 서울시와 전국 규모의 사생 대회 및 백일장에 꼬박꼬박 출전한 이력이 있다. 중학생 때는 잠시나마 매우 진지하게 미술을 전공해볼까 하는 생각도 했다. 하지만 미술 공부를 뒷바라지할 돈이 없다는, 그리고 신학을 공부해서 목사가 되려면 당연히 인문계 고등학교를 가야 한다는 아버지의 확고한 방침 앞에 예고 진학의 꿈을 접어야 했다.

미술을 전공하려던 꿈은 접었지만 그림에 대한 갈증은 결코 사라지지 않았다. 신학을 공부하는 내내 언제든 기회가 되면 취미로라도 다시 그림을 그려야겠다는 마음을 고이 간직하고 있었다. 하지만 일주일에 최소 하루는 캔버스 앞에 진득하게 앉아 붓을 놀리는 시간을 확보한다는 것이 생각처럼 쉽지 않았다. 그래서 생각을 바꿔 그림 대신에 선택한 것이 사진이었다. 어차피 시각 예술이란 점에서 그림이나 사진이나 서로 비슷할 것이라 생각했고, 사진은 그냥 막 찍기만 하면 되니 시간과 에너지를 훨씬 더 절약할 수 있을 것이란 (멍청한) 판단이 작용했던 것이다. 그 생각이 얼마나 어리석었는지는 카메라를 구입하고 나서 얼마 못 되어 깨닫게 되었다. 당시는 필름 카메라 시절이어서 사진을 찍으려면 의외로 돈과 발품이 많이 들어갔다.

목사 안수를 받은 기념으로 남대문 수입상가 안에 있던 00상사란 곳을 찾아가 니콘 801S와 85, 105, 180미리 렌즈 3개를 구입한 것이 내 인생에서 최초로 카메라를 손에 쥐게 된 일이었다. 물론 36개월 카드 할부였다. 나는 지금도 종종 자조를 섞어 그때부터 내 인생에서 36개월 할부가 시작되었다고 말하곤 한다.

1994년부터 사진을 찍기 시작했으니 카메라를 손에 쥔 경력만 놓고 보면 올해까지 햇수로 27년째다. 이 정도면 어지간한 아마추어 사진작가의 반열에 오를 만한 시간이다. 하지만 그때나 지금이나 내 사진 실력은 크게 나아진 게 없다. 두 가지 이유 때문이다. 첫째는 카메라를 구입한 다음 혼자 사진을 독학하며 배우다 보니 사진 이론이나 기술이 조악하기 이를 데 없다. 둘째는 멋진 사진을 찍으려면 근사한 풍경이 가득한 장소를 적극적으로 찾아다녀야 하는데, 늘 먹고사는 문제로 바쁜 나는 그저 잠깐 짬을 내서 동네 언저리를 돌아다니며 스냅 사진 위주로 찍는 일이 대부분이어서 그 사진이 그 사진인 경우가 많다.

그렇지만 나는 지금도 카메라를 손에서 놓지 못한다. 멀리 출사는 못 나가지만 틈이 날 때마다 스냅 사진이라도 꼭 찍으려고 한다. 카메라 앵글에 비친 세상을 바라보는 순간만큼은 마치 득도라도 한 듯 머리가 맑아지고 마음이 푸근해지기 때문이다. 어느 때는 카메라 뷰파인더에 눈을 고정하고 있는 순간이 몰아지경의 경지처럼 느껴질 때가 있다. (내 사진 작품도 몰아지경의 경지에 오른다면 얼마나 좋을까!)

일전에 누군가 내가 찍은 사진을 보더니 한마디 했다. "대표님 사진은 어떻게 된 게 전부 꽃 사진 아니면 새 사진뿐이에요?" 그 말을 듣고 보니 정말 그랬다. 그동안 찍었던 사진 중에 나름 괜찮은 것만 모아놓은 사진첩을 보니 거개가 꽃 사진 아니면 새 사진이었다. 특히 최근에 찍은 사진들이 더욱 그랬다. 이 말인즉슨 허구한 날 동네 언저리를 돌아다니며 사진을 찍었다는 뜻이기도 하다. 꽃과 새는 어디서나 쉽게 만날 수 있으니 말이다. 물론 여기에는 초상권 침해 문제에 휘말리기 싫어 일부러 인물 사진을 피하는 것도 한 가지 이유가 될 것이다. 그렇지만 사실 나는 (여건이 허락하는 한) 인물 사진을 찍는 것을 좋아한다.

피사체가 사람이든 꽃이든 상관없다. 목표로 한 피사체에 렌즈를 고정시킨 채 카메라 뷰파인더를 바라보는 순간에 내가 가장 심혈을 기울이는 부분은, 피사체의 아름다움을 가장 극대화할 수 있는 특징을 찾아 그것을 밖으로 표현하는 것이다. 그냥 보면 평범해 보이는 사람이나 꽃도 어떤 각도에서 얼마만큼의 빛을 투과시켜 표현하느냐에 따라 세상에서 단 하나뿐인 대상으로 바뀔 수 있다는 것이 내 지론이다. 요컨대 나는 멋진 사진보다는 평범하지만 고유한 사진을 찍고 싶다.

지구상에 존재하는 인간은 그야말로 천차만별이다. 어떤 인간도 100% 아름답기만 한 사람이 없듯이, 어떤 인간도 100% 추잡하기만 한 사람은 없다. 나는 사람은 아름다움 속에 추함을 갖고 있고, 추함 속에서도 아름다움을 잃지 않는 존재라고 믿는다. 그래서 나는 단지 취미생활로 카메라를 손에 쥐는 평범한 아마추어 사진사에 불과하지만 최소한 누군가의 모습을 카메라 앵글에 담을 때만큼은 그의 가장 아름다운 모습을 기록으로 남기고 싶은 열정으로 가득하다. 그리고 실제로 그런 사진을 얻을 때면 27년 전부터 시작된 36개월 할부 인생이 전혀 후회스럽지 않다.

어디 사진뿐이겠는가? 나는 일상에서도 내 주변 사람들의 애틋하고 고결한 모습들을 오랫동안 가슴속에 소중히 담아놓고 살고 싶은 소망으로 충일하다.

드럽게 힘드네

목사 안수를 받고 서울의 모 교회에서 부목사로 사역할 때 일이다. 당시 나는 약 1200명에 달하는 주일학교 전체를 관장하는 교육목사로 봉사하면서 대학부와 고등부 학생 300명가량을 직접 지도하고 있었다. 나와 동역하는 교육전도사가 네 분이었고, 주일학교 교사만 200명에 육박했으니 결코 작은 주일학교는 아니었다.

본래 그 교회에 청빙을 받아 갈 때는 개인 공부 시간을 최대한 보장해주고 교육부서 일만 전념하도록 해주겠다는 약속을 철석같이 받았지만, 막상 교회에 부임하고 나니 언제 그런 말을 했냐는 듯 이것저것 시키는 일이 점점 많아졌다. 심지어 교구 심방 사역까지 지원을 나가거나 차출되는 경우도 잦아졌다. 자연스레 이른 아침에 출근해서 자정이 넘어 퇴근하는 일이 반복되었다. 현장 목회보다는 학문에 뜻을 두고 있던 나로서는 피곤하고 불만족스러운 날들의 연속이었다. 그렇지만 그런 심경을 밖으로 표출할 수는 없는 노릇이었다.

그나마 전임 사역자들 가운데는 유일하게 나 혼자만 새벽기도를 면제해준 것이 고마웠다고나 할까. (당시 나는 새벽 2-3시까지 일을 하거나 공부를 하고 잠깐 쪽잠을 붙이는 생체 리듬이 몸에 밴 상태여서 새벽기도는 도저히 불가능했고 교회에서도 이 점은 양해해줬다.)

1995년 7월 어느 날이었다. 그해 여름은 유달리 끔찍한 사건·사고가 많았고 유례없는 폭염으로 전국이 가마솥같이 들끓었다. 하루는 점심 식사를 하기 위해 예배당을 나서 자주 가는 식당으로 발걸음을 옮기는데 십여 미터 앞에서 어떤 아주머니가 혼자 힘겹게 리어카를 끌고 가는 모습이 눈에 들어왔다. 리어카 위에는 고물과 폐지가 가득했고, 마침 그 아주머니가 가려는 길은 25도가량 심하게 경사진 언덕길이었다. 나는 좀처럼 언덕길을 오르지 못하고 휘청거리는 아주머니에게 다가가서 "제가 밀어드릴게요"라고 했다. 그렇게 아주머니는 앞에서 리어카를 끌고 나는 뒤에서 밀며 40미터 가까운 언덕길을 겨우 올랐다. 가만있어도 등줄기에 땀이 줄줄 흐르는 뜨거운 날씨에 고물이 잔뜩 실린 리어카를 밀며 언덕을 올랐으니 삽시간에 온몸이 액체로 도배되다시피 했다. 뒤에서 리어카를 미는데 앞에서 아주머니가 혼자 뭐라 뭐라 독백을 하는 게 귀에 들렸다. 무슨 소리인가 하고 귀를 쫑긋 기울여보니, "에이, 드럽게 힘드네", "씨x", "지긋지긋해서 못 살겠네" 같은 소리를 혼자 내뱉으며 그 악다구니를 지렛대 삼아 리어카를 끌고 있었다. 그때까지만 해도 그리스도인이 차마 욕지거리를 입에 담는 것을 극도로 경계하고 꺼리던 소위 범생이었던 나로서는 낯선 아주머니가 "씨x"거리는 소리가 너무 생경했지만, 한편으로는 사는 게 얼마나 힘들면 저런 욕을 다할까 싶어 마음이 짠해졌다. 아무튼 겨우겨우 언덕을 다 오른 아주머니는 건성 비슷하게 고맙다는 말을 하고는 어디론가를 향해 리어카를 끌고 터벅터벅 갔다. 나도 얼른 식사를 하고 사무실로 복귀해야 했기에 더는 신경을 쓰지 않았다.

머칠 후 주일 오전 10시 예배 시간에 장년부 예배실 앞에서 나는 그 리어카 주인 아주머니를 다시 목격했다. 그날은 내가 교육부서 예배를 인도하는 대신 오랜만에 장년부 예배의 안내 봉사를 맡은 날이었다. 장년 예배에 참여할 일이 많지 않았던 나는 그 아주머니가 같은 교회의 신자인 줄 전혀 몰랐다. 당연히 저쪽에서도 머칠 전 자신의 리어카를 밀어준 젊은 청년이 본인이 출석하는 교회의 목사일 거라고는 꿈에도 생각 못했을 것이다. 더군다나 머칠 전 캐주얼한 모습과 달리 머리에 헤어젤을 바르고 진한 감색 양복을 입은 모습으로 반듯하게 서 있는 나를, 그분은 전혀 알아보지 못하는 것 같았다. 천만다행이었다.

그날 나는 세상에서 엿새를 살아가는 교인들의 삶에 대해 참으로 많은 생각을 하게 되었다. 목사인 나는 일주일 내내 예배당 안에서 맵시 나는 옷을 입고 교양 있는 언어를 구사하며 교인들을 향해

'그리스도인의 향기' 운운하지만 정작 교인들은 때 묻고 냄새나는 옷을 입고서 땀범벅이 되어, 그리고 시시때때로 "드럽게 힘드네, 씨x" 같은 신음을 뱉어가며 겨우겨우 사는구나 싶었다. 그리고 그 처절한 삶의 현장을 모른 채 온갖 화려한 말발로 치장한 나의 종교 언어들이 무슨 소용인가 싶었다. 그날 나는, 비록 일주일 내내 땀에 찌든 옷을 걸친 채 입에는 욕지거리를 달고 이 길 저 길 누비면서도 주일이면 가장 깨끗한 옷을 차려입고 예배당을 찾는 그 아주머니가 누구보다 귀하게 느껴졌다.

급정차 순간에 그가 보인 첫 반응

부목사 시절 나를 좋아하고 아끼던 교우들이 제법 많았던 것으로 기억한다. 특히 내 설교와 성경공부 강의를 호평하는 교인들이 많았다. 금요 심야 기도회 시간에는 부목사들이 순서대로 돌아가며 설교를 하곤 했는데 내 차례가 돌아오면 평소에 예배당 출석이 뜸하던 교인들까지 일부러 나와서 설교를 경청하는 모습을 심심치 않게 볼 수 있었다.

물론 모든 사람이 다 나를 좋아하고 편드는 것은 아니었다. 어떤 사람들은 노골적으로 견제하거나 험담을 늘어놓기도 했다. 그때 가장 많이 들었던 비난은 내가 '엘리트주의에 빠진 사람'이라는 것이었다. 교회 안에 넉넉지 못한 가정 형편으로 인해 대학 진학을 포기하고 바로 취업을 한 청년들이 많아서 그들을 향해 "다시 시험을 봐서라도 꼭 대학에 가도록 해라, 지금은 고등학교 졸업장 갖고도 기술이 있으면 사회생활 하는 데 큰 어려움이 없는 듯 보이지만 얼마 못 가서 대학 졸업장이 없으면 멸시받는 세상이 올 것이다"라고 설교 시간에 몇 번 충고를 한 것이 빌미가 되어 그런 소리를 들어야 했다.

부목사 시절의 나는, 교회 당국(?)이 볼 때 일종의 계륵 같은 존재였을 것이다. 데리고 있자니 불편하고 버리자니 아까운 존재 말이다. 당시 담임 목사님은 부목사들의 설교 시간을 13분 이내로 철저히 제한했다. 담임 목사인 본인의 설교도 18분을 넘지 않았고, 부목사들은 13분 이내에서, 전도사들은 10분 이내에서 설교를 마치도록 엄격하게 관리했다. 다른 교역자들은 그 방침에 철두철미하게 순종했다. 하지만 나는 생각이 달랐다. 세상에 고작 13분짜리 설교를 통해 무슨 하나님의 말씀을 전할 수 있겠는가 싶었다. 그래서 나는 한 사코 평균 40분 이상 설교를 고집했다. 주일 고등부 예배 때는 30분 정도, 토요일 청년부 예배 때는 통상 1시간(이상) 설교를 했다. 그 덕에 교역자 회의 시간에 혼나기도 참 많이 혼났다. 좋게 말해서 혼났다고 표현한 것이지 실제로는 욕을 많이 먹었다. 그런데 내 고집이 얼마나 세냐면, 1시간짜리 설교를 했다고 담임 목사님 방에 불려가 야단을 맞으면 그다음 주에는 2시간짜리 설교를 했다. 이렇게 몇 번을 반복하고 나니 나중에는 아예 내 설교 시간에 대해서는 모든 사람이 다 포기를 하고 말았다. 재밌는 것은 그 긴 설교를 듣기 위해 많은 사람이 일부러 예배당으로 발걸음을 옮겼다는 사실이다.

나에 대한 사람들의 호불호가 극명하게 갈렸지만 그럼에도 그때 함께 신앙생활했던 몇몇 사람들이 내게 베풀었던 친절과 호의는 많은 시간이 흐른 지금까지도 잊을 수가 없다. 그중 한 사람의 행동이 특별히 가슴에 남아 있다. S 집사는 내가 고등부 지도 교역자로 봉사하던 시절에 교사로서 섬기던 이였다. 사범대학을 졸업한 후 공수특전단 중대장을 거쳐 모 공립고등학교에서 교편을 잡고 있던 그는 평소 도통 말이 없는 사람이었다. 표정만 봐서는 기쁜 건지 화가 난 건지 얼른 파악이 안 될 정도로 늘 포커페이스를 유지했다. 다른 사람들은 나를 향해 고맙다, 좋아한다는 감정을 솔직하게 표현하는 데 반해 이 사람은 일 년 내내 그런 말 한마디 없었다.

그는 매주 목요일 저녁에 진행하는 교사 성경공부 모임이 끝나면 언제나 본인의 차로 나를 우리 집 근처까지 태워다주곤 했다. 그의 차를 타지 않으면 나는 늦은 밤에 대중교통을 이용해서 귀가하느라 몇 배의 에너지를 써야 했다. 하지만 그는 나와 단둘이 있는 차 안에서조차 거의 말을 하지 않았다. 생각할수록 참 입이 무거운 사람이었다. 그러니 한편으로는 차를 태워줘서 고맙긴 한데, 다른 한편으로는 둘이 있는 게 은근히 어색하고 불편할 때도 적지 않았다.

한번은 그가 나를 옆자리에 태우고 귀가하는 길에 갑자기 택시 한 대가 속력을 올린 채 무단으로 끼어드는 바람에 큰 사고가 날 뻔한 적이 있다. 아찔한 순간이었다. 그런데 그 절체절명의 순간에, 그가 한 손으로는 핸들을 잡고 나머지 손과 몸 전체로는 나를 감싸며

보호하는 것이었다. 전혀 예상치 못한 행동이었다. 모름지기 대부분의 사람은 위험에 처하면 자기 자신부터 보호하려는 것이 본능일 텐데 그는 달랐다. 그는 자기 생명은 아랑곳하지 않고 옆에 있는 젊은 목사를 보호하기 위해 일말의 망설임도 없이 자신의 몸을 던졌다. 솔직히 그때 나는 가슴이 정말 뭉클했다. '아, 이 사람이 겉으로는 표현을 안 하지만 속으로는 정말 나를 좋아하고 아끼는구나' 싶었다. 그의 속 깊은 마음씨가 얼마나 고마웠는지 모른다.

살다 보면 입으로는 마치 간이라도 내어줄 듯 사탕발림을 늘어놓으면서 실제로는 등 뒤에서 비수를 꽂는 사람들이 얼마나 많은가! 이런 매정한 세상 인정을 볼 때마다 평소에는 무뚝뚝한 듯 보였지만 정작 위기의 순간이 닥치자 나를 위해 자신의 몸을 던졌던 그의 마음 씀씀이가 더더욱 그립기만 하다.

가장 짧았던 설교

내 인생에서 설교 시간이 가장 짧았던 때는 1995년 1월 어느 주일이었다. 설교 시간이 길기로 악명(?) 높은 내가 3분이 채 안 되는 설교를 했다면 믿겠는가! 하지만 실제로 그런 일이 있었다.

당시 지도하던 고등부 학생들이 연초에 열린 '친구초청잔치'를 성공적으로 마쳤다. 학업에 바쁜 아이들이 빠듯한 시간을 내서 노래, 시 낭송, 연극 등을 정성스럽게 준비하여 '전도 집회'를 연 것이다. 그런데 친구초청잔치가 준비하는 학생들에게도 적지 않은 부담이 되었나 보다. 토요일 저녁에 집회를 마친 학생들이 의기투합하여 단체로 노래방에 가서 스트레스를 발산했다고 한다. 그때나 지금이나 그리스도인들이 노래방 같은 곳을 출입하면서 흥청(?)거리는 것에 대한 거부감이 있는 나는, 하필 전도 집회가 끝나자마자 단체로, 그것도 내가 지도하는 고등부 학생들이 노래방에 가서 거나하게 회포를 풀었다는 이야기를 전해 듣고 마음이 불편해졌다.

나는 다음 날 주일예배 시간에 미리 준비한 설교 대신 다른 성경 본문을 간단히 읽고는 아이들을 휙 둘러보며 물었다. "어제 친구초청 잔치 끝나고 노래방 간 사람 솔직하게 손들어봐!" 전혀 예기치 못했던 질문에 당황한 아이들이 쭈뼛쭈뼛 눈치를 보면서 20여 명쯤 손을 들었다. 대충 둘러보니 전부 교회에서 핵심 역할을 하는 장로님, 안수집사님, 권사님 집 아이들이었다. 나는 아무 말 없이 미리 준비한 몽둥이를 들고 앞으로 걸어 나갔다. 일순간 교사들도, 아이들도 모두 잔뜩 긴장했다. 예배실 분위기가 얼음장 같이 싸늘해졌다. 나는 아이들 앞에 서서 "내가 여러분을 잘못 가르쳤으니 대신 벌을 받겠다"며 바지를 걷고는 내 종아리를 노래방에 간 아이들 한 명당 한 대씩 계산해서 내리쳤다. (그런데 순간적으로 흥분해서 너무 세게 내려치는 바람에 여기저기 살점이 찢어지고 피가 흐를 정도로 심하게 체벌을 하는 실수를 범했다.)

　　그것이 그날 설교의 전부였다. 그 설교가 끝나자 예배당 안이 울음바다가 되었다. 설교 시간은 성경봉독까지 포함해서 3분이 채 안 걸렸다. 내 인생에서 가장 짧고 굵직한 설교였다.

깜짝 놀랐던 가정 심방

1994-5년 만 2년에 걸친 부목사 생활을 마감하고 1996년 4월에 군 종사관후보생 54기로 경북 영천에 있는 육군 제3사관학교에 입교를 했다. 6월 30일에 교육사령관 상을 받으며 중위 계급장을 달았고, 7월 한 달 동안 성남에 있던 종합행정학교에서 초등군사반 교육을 받은 후 학교장 상을 받고 수료했다. 8월에 부대 배치를 받았는데 67명의 동료 군종 목사·신부·법사 장교들 가운데 내가 1번으로 발표가 났다. 수도기계화보병사단(맹호부대)으로 배치되었다고 해서 처음에는 서울에서 근무하는 줄 알고 좋아했는데 알고 보니 경기도 현리에 있는 사단이었다. (수기사는 원래 서울 용산에서 창설된 국군 모체 부대였으며—그래서 내가 제일 먼저 호명됨—월남전 참전 이후 귀국하여 부대를 재창설하는 과정에서 경기도 현리로 갔다.)

나는 수기사 예하 기갑여단으로 배치되었다. 수기사 예하의 모든 부대가 현리 부근에 모여 있는데 반해 기갑여단만 혼자 경기도 포천의 하심곡에 있었다. 처음 부대 배치를 받고 출발하던 날, 먼저 현리의 사단 본부에 들러 전입신고를 한 다음 포천으로 넘어가기 위해 율길리 인근의 계곡을 따라 올라가면서 바라본 운악산 자락의 풍경은 감동적일 만큼 아름다웠다. (수기사에서 2년간 근무하며 해마다 추석 즈음에 먹었던 운악산 포도의 단맛을 생각하면 지금도 입가에 침이 고인다.)

기갑여단에 도착하여 지휘관에게 전입신고를 한 다음 각 부처의 책임 장교들과 인사를 나누고 대강이나마 부대 현황을 교육받았다. 그 후 교회(번개교회)로 내려와서 짐을 풀고 나니 그제야 비로소 본격적으로 군목 생활이 시작되는구나 하는 마음이 들었다. 처음 한 주간은 부대 상황을 파악하기 위해 정신없이 분주한 시간을 보냈다. 부대 전술 계획도 숙지해야 했고, 여단 본부뿐 아니라 예하 부대 주요 장교들의 이름과 얼굴도 익혀야 했다. 어느 정도 부대 적응을 마치자마자 서둘러 교인들 가정 심방 계획을 짰다. 군목의 주요 업무 중 하나가 군인교회를 잘 돌아보는 것이므로 교인들과의 관계를 잘 맺는 것도 매우 중요한 일이었다.

내가 군목으로서 첫 심방을 간 가정은 기갑여단 소속은 아니지만 사단 방공대대 소속(계급: 준위)으로 기갑여단 번개교회를 오랫동안 섬겼던 H와 J 집사 부부의 집이었다. 듣기로는 거의 10년 가까이 번개교회를 출석하며 온갖 궂은일을 도맡아 감당하고 있던 가정이었다. 군인교회라는 곳이 그렇다. 장교들은 2-3년 단위로 계속 이동을 하기 때문에 한 교회를 진득하게 섬기기가 어렵고 목사와 깊은 유대관계를 맺기도 쉽지 않다. 반면 전방의 어느 군인교회를 가든지 이름 없이 빛도 없이 묵묵히 섬기는 부사관 가족들의 인내와 헌신을 어렵지 않게 찾아볼 수 있다.

H와 J 집사의 집은 군인아파트가 아닌 낡고 오래된 관사 단지에 있었다. 그냥 딱 봐도 족히 몇십 년은 되었을 법한 허름한 관사들이었다. 그 주변에는 수백 마리의 돼지를 기르는 (민간인들이 운영하는) 양돈 축사가 길게 늘어서 있었고, 관사 단지 초입부터 돼지 떼 특유의 역겨운 냄새가 진동했다. 초등학교 입학 이래 줄곧 서울에서만 살며 도시의 냄새에 익숙해져 있던 나로서는 결코 달갑지 않은 악취였다.

관사에 도착을 하니 미리 나와 있던 J 집사가 나를 반가이 맞아주었다. 아마 새로운 목사에 대한 호기심과 기대감이 교차했을 터이다. 집 안으로 들어서자 방 정중앙에 소위 예배상을 가지런히 차려 놓고 심방을 받을 만반의 준비를 마친 모습이 눈에 들어왔다. 마치 적진을 염탐하듯이 방 구석구석을 빠르게 훑어보던 나는 검은색 벽을 힐끗 보며 속으로 '참 희한도 하다. 군인들은 집안 벽을 검은색으로 꾸미는 게 문화인가, 아니면 개인적 취향인가' 하며 고개를 살짝 갸우뚱거렸다. 그도 그럴 것이 내가 자대 배치를 받고 처음 심방을 간 군인 신자의 집 벽이 시커먼 벽지로 도배되어 집안 분위기가 침침

했기 때문이다. 아무튼 검은색 벽지로 도배를 한 경우는 처음 봤다. 그렇다고 초면에 그런 사정을 꼬치꼬치 물어볼 수도 없는 노릇이었다.

가볍게 안부 인사를 나누고 자리에 앉아 심방 예배를 드리는데 갑자기 검은색 벽지가 꿈틀꿈틀 움직이기 시작했다. 검은색 벽지가 마치 물결이 갈라지듯이 꿈틀거리는 모습을 보면서 나는 잠시 설교를 멈추고 이게 대체 무슨 상황인가 싶어 호흡을 가다듬지 않을 수 없었다. 그런데 자세히 보니 조금 전까지 검은색 벽지라고 생각했던 것이 실상은 파리떼였다는 것을 알게 되었다. 관사 인근 돼지 축사에서 날아온 파리떼가 얼마나 많은지 온 집안을 빼곡히 덮어 그것이 마치 벽지처럼 보였던 것이다. 살다 살다 그런 장면은 처음 봤다. 멀쩡한 정신으로 예배를 인도할 의지(?)를 상실한 나는 미리 준비해간 권면의 절반도 못 하고 서둘러 예배를 마쳤다. 사람이 어떻게 이런 데서 사는가 싶어 기가 막힐 따름이었다. 한데 잠시 후 더 기가 막힐 일이 벌어졌다. J 집사가 심방 온 목사를 대접한다고 밥상을 한가득 차려온 것이다. 그냥 얼른 봐서는 검은색 벽지처럼 보이는 엄청난 파리떼에 둘러싸여 밥숟갈을 넘기자니 숨이 막힐 정도로 정신이 아득해졌다. 군대 가기 전까지만 해도 나는 밥이나 반찬에서 머리카락 하나만 나와도 비위가 상해서 온종일 식사를 못할 정도로 한 깔끔 하는 사람이었다. 그런 내가 자대에 가서 처음 대접받은 밥상은 다름 아닌

잠실야구장을 가득 메운 관중들에 둘러싸인 프로야구 선수처럼 파리 떼에 포위된 식탁이었다.

H와 J 집사는 10년 가까이 그런 집에 살면서 묵묵히 군인교회를 섬겼던 사람들이었다. 그들은 몇 번이고 사단 본부 지역에 있는 군인 아파트로 들어갈 기회가 있었지만 자신들이 포천을 떠나면 누가 번 개교회를 지키나 싶어 고민 끝에 아파트 입주를 포기하길 반복했다고 한다. 두 사람은 내가 기갑여단 군목으로 근무하는 동안 성심껏 나를 도왔다. 다행히 1997년에 포천 일동의 군인아파트에 자리 하나가 나와 그 가정은 꿈에도 그리던 아파트 생활을 시작하게 되었고, 일주일에 몇 번씩 일동에서 하심곡까지 30분가량 차를 운전해서 예배에 참석했다.

교통사고 후유증

지금까지 살면서 차량이 반파될 정도의 큰 교통사고를 두 번 당했다. 한번은 1993년 7월에 네덜란드에서 고(故) 이정석 교수님이 운전하는 차를 타고 가다 뒤 차량이 우리 차를 세게 들이박는 바람에 트렁크가 거의 운전석까지 밀고 들어올 정도의 사고를 당한 적이 있고(하필 그때 나는 뒷좌석에 앉아 있다가 목을 크게 다쳤다), 다른 한번은 수기사 기갑여단에 자대 배치를 받고 나서 얼마 안 지나 일어났다.

군목으로서 첫 임지였던 기갑여단 번개교회에서 제일 먼저 부닥뜨린 일은 예배당 리모델링과 교육관 건축이었다. 예배당이 전체적으로 낡은 데다 음향 시절도 형편없었다. 무엇보다 그해 7월에 내린 큰비로 예배당이 침수되어 지하실 전체가 물에 잠겨 있었다. 교회 재정이 열악하다 보니 아무도 그 문제를 해결 못하고 그냥 방치해놓은 상태에서 내가 부임한 것이었다.

1996년 9월에 강릉에 북한의 상어급 잠수함이 침투하다 좌초되면서 무장공비 사건이 일어나 군 전체에 비상이 걸렸고 1군사령부 예하 장병들과 특전사 요원들이 대거 작전에 투입되었다. 우리 부대는 3군사령부 예하여서 전장에 직접 출동하지는 않았지만 어쨌든 군인들의 행동반경(휴가, 외박)이 크게 제약되었다. 그런 와중에 나는 백방으로 뛰면서 한 푼 두 푼 끌어다가 예배당 리모델링을 시작했다. 내가 직접 진두지휘하면서 행한 인생 최초의 건축이었고, 이후 삼십대 10년간 7번에 걸쳐 수행했던 교회 건축, 리모델링, 인테리어 공사의 시발점이었다. 군인교회의 건축 및 시설보수 비용은 별도로 국방 예산에 책정되는 경우가 없기 때문에 결국 군목 개인의 역량과 노력에 따라 건축의 성패가 좌우된다. 다행히 매일 기적같이 필요한 돈이 조달되어 총 5천만 원 정도의 비용이 투입된 리모델링 작업과 3천만 원을 들여 조립식으로 교육관 건축을 마무리할 수 있었다. 부대에서 약간의 병력 지원을 해준 데다 부대 안의 토지를 무상으로 이용할 수 있었기 때문에 그 정도의 비용으로 공사를 마칠 수 있었다.

기갑여단에서 예배당 개보수 공사를 하면서 만났던 사람 중에 잊히지 않는 분이 있다. 여단 주임원사인 L 씨다. 월남전 참전 경력을 가진 그는 부대 내에서 가장 오랫동안 군 생활을 한 사람이었다. 그는 정년을 1년 남짓 남겨둔 상태였다. 독실한 개신교 신자였던 여단장의 지시에 따라 예배당 공사를 지원하기 위해 1개 분대 병력을 이끌고 예배당에 나타난 그는 처음에는 퉁명스러운 말투로 나를 대했다. 그냥 봐도 본인은 군인교회 공사를 협조하고 싶지 않은데 (계급이 깡패라고) 부대장의 지시 때문에 억지춘향격으로 왔다는 것을 어렵지 않게 알아차릴 수 있었다. 그러나 공사 기간 내내 매일 나와 함께 지내면서 이런저런 이야기를 나누게 되고, 또 일과 후에 내가 식당에 모시고 가서 맛있는 음식을 대접하면서 급격히 사이가 가까워졌다. 나중에는 본인이 나보다 더욱 적극적으로 나서서 예배당 리모델링 건축을 독려했고, 포천 하심곡과 창수 일대의 마을에 사는 지인들에게 부탁하여 교회 정원을 꾸미는 데 필요한 수목과 돌을 잔뜩 구해다 주기도 했다.

그러던 중 하루는 L 원사가 본인의 이야기를 꺼냈다. 자신도 예전에는 교회에 열심히 출석했는데 7년 전 담임 목사에게 사기를 당해서 3억 원이 넘는 돈을 잃어버리고 지금까지 그 빚을 갚느라 고생하고 있다는 것이었다. 그 일로 가족 전체가 기독교 신앙을 버렸다고 말했다. 그러면서 당신이 지금까지 7년 동안 '목사'라면 이를 갈았는데 나를 만나고 나니 세상에 이렇게 좋은 목사님도 있구나 싶어서 다시금 신앙생활을 시작할까 고민 중이라고 했다. L 원사는 그다음 주일부터 양복을 단정하게 차려입고 주일예배에 참석했고, 얼마 안 지나서는 주일저녁, 수요저녁 예배에도 나오기 시작했다. 한번은 그가 수요저녁예배에 참석하여 눈물을 펑펑 쏟으면서 손을 들고 찬양하는 모습을 보며 나 역시 크게 감동을 받은 적도 있다.

천신만고 끝에 예배당 리모델링 작업은 모두 마쳤는데 여전히 음향 시설과 각종 기자재가 너무 낡고 허술해서 아쉽기만 했다. 그런 차에 내 인생에서 두 번째 교통사고를 당한 것이다. 3군사령부에서 군종장교들을 상대로 실시한 선도교육 교관 대회에 참석하기 위해 차를 운전해서 의정부 가능사거리를 지나던 중, 저 멀리 왼쪽에서 내 쪽으로 신호를 무시하고 100킬로미터 이상으로 달리던 차량에 운전석 측면을 부딪쳐 내 차가 그 자리에서 몇 바퀴 빙글빙글 돌아버린 큰 사고였다. 더욱이 사고 운전자는 뺑소니까지 시도했고, 나는 그 상황에서도 반파된 차를 몰고 70미터 정도 쫓아가서 뺑소니 차량을 붙잡았다. 말하자면, 그 사고 운전자는 신호 위반과 뺑소니 사범인 셈이었다.

　　간신히 가해 차량을 붙잡고 보니, 사고 운전자는 동두천의 모 중학교에서 윤리 과목을 가르치는 현직 교사였다. 세상에, 윤리 선생이 그런 사고를 내고 도주한 것이다. 그는 손이 발이 되도록 싹싹 빌면서 한 번만 봐달라고 했다. 나는 군사령부에 못 가게 되었다는 연락부터 취해야 한다는 생각이 급한 나머지 지금은 시간이 없으니 보상 문제는 나중에 다시 이야기하자고 했다(내 차가 직접 교통사고를 당한 것은 처음이어서 사고 처리를 어떻게 하는 줄 몰랐기 때문에 그런 어리숙한 결정을 내린 것이다). 절반 이상 심하게 부서진 차를 겨우 추슬러 자동차 정비소에 갖다 맡기고 나는 부대로 다시 복귀했다. 당시 아주 가까운 집사님 한 분이 청와대 정책기획실에서 근무하고 있었는데 내가 교통사고를 당했다는 소식을 듣고는 본인이 제대로 된 보상을 받게 도와주겠다며 마치 자기 일처럼 분노했다. 하지만 나는 목사가 사고를 빌미로 돈을 밝히는 게 영 불편했다. 그래서 가해자에게 전화를 걸어 자동차 수리비만 달라고 했다. 며칠 후 가해자는 자기 아내와 함께 부대로 찾아와 자동차 수리비 조로 300만 원을 건네주고는 연신 고맙다며 떠났다.

내가 다른 보상은 일절 안 받고 자동차 수리비만 받았다고 하자, 주변에서 왜 그런 바보 같은 합의를 했냐고 전부 한마디씩 했다. 어떤 지인은 기왕 일이 이렇게 되었으니 자동차는 폐차하고 그 돈으로 차라리 보약을 해 먹으라고 조언하기도 했다. 솔직히 나도 교통사고를 당한 이후 몸이 계속 안 좋았기 때문에 보약이라도 지어 먹어야 하나 싶은 마음이 전혀 없었던 것은 아니다. 하지만 300만 원을 받기로 결정했을 때부터 내 마음에는 그 돈으로 교회 음향 시스템을 전부 교체해야겠다는 결심이 서 있던 차라 돈을 받자마자 아무런 미련 없이 교회 스피커, 마이크, 믹서기 일체를 새로 구입했다. 이렇게 해서 교회의 숙원이던 음향 시스템 일체를 해결했다고 생각하니 마음이 한결 가벼워졌다.

하지만 그게 끝이 아니었다. 그 후 나는 2년이 넘게 교통사고 후유증으로 모진 고생을 감내해야 했다. 교통사고를 당한 몸 왼쪽 전체가 한여름에도 냉골처럼 싸늘했다. 몸 한쪽은 그나마 약간 온기가 있는 데 반해 다른 한쪽은 얼음처럼 차디차고 저렸다. 특히 겨울이 되면 더욱 힘들었다. 지금도 그때 전방에서 보냈던 2년의 겨울을 생각하면 코끝이 찡하다.

주일성수의 포기(?)

주일성수란 말 그대로 주일을 성스럽게(거룩하게) 준수한다는 의미다. 지금은 주일성수 개념이 희미해졌지만 내가 어린 시절만 해도 한국 개신교회 안에 주일성수 원칙을 고수하는 교회들이 제법 많았고, 나도 그런 전통에서 엄격한 신앙 교육을 받으며 자랐다.

내가 배운 주일성수 개념에는, 주일에는 일체의 외식이나 쇼핑, 공연 관람을 중지한다는 뜻이 담겨 있었다. 그래서 나는 부목사 시절까지만 해도, 다시 말해서 군종장교로 임관하기 직전인 스물아홉 살까지만 해도 주일날 식당에 가서 밥을 사 먹는다든지 물건을 사본 경험이 전혀 없었다. 어떤 교단에서는 심지어 주일날 버스나 지하철을 이용하지 못하도록 권장하기도 했다지만, 나는 그렇게까지 완고한 주일성수론자는 아니었고 다만 쇼핑과 외식을 금하는 정도에서 주일 성수를 실천했다.

내가 주일날 외부 식당에서 처음 밥을 사 먹게 된 것은 군목으로 사역하면서부터였다. 군인교회에 부임하고 보니, 군인 (남성 간부) 신자들이 평일에는 훈련과 야간 당직 근무로 어찌나 바쁜지 도저히 주중에 따로 시간을 내서 그들과 교제할 수가 없었다. 교회가 활기차게 돌아가려면 목사가 신도들과 인간적으로 친밀한 관계를 형성해야 하는데 주중에는 그럴 짬을 만들기가 도무지 쉽지 않았다. 군인 남성 간부 신도들에게 허락된 유일한 시간은 기껏해야 주일 하루인 경우가 대부분이었다.

고민 끝에 나는 30년 가까이 지켜온 주일성수 개념을 내려놓기로 했다. "안식일이 사람을 위해서 있는 것이지, 사람이 안식일을 위해서 있는 것이 아니"란 뜻에서 말이다. 그리고 매주 주일이면 예배 후 남성 교우들과 함께 부대 근방의 맛집을 다니면서 친교에 힘썼다. 그 결과 많은 남성 간부 신자들이 교회 활동에 더욱 적극적으로 참여하는 것을 볼 수 있었다.

요즘은 이따금 어린 시절에 철저하게 지켰던 주일성수 모습이 아련하게 그리워질 때가 있다. 하지만 예전으로 돌아가기에는 한국 사회와 교회의 문화가 너무 많이 달라진 것이 사실이다. 다만 자신의 쾌락과 복지를 위해서는 주일에 되도록 돈을 안 쓰고, 다른 사람의 기쁨과 유익을 위해서는 아낌없이 쓸 수 있도록 방향을 잡아가는 것이 바람직하지 않을까 생각한다.

보이지 않는 곳에서 보여준 행동

군에 입대하기 전까지만 해도 나는 지독한 '야행성' 인간이었다. 어려서부터 새벽 2-3시까지 뭔가를 하고 잠자리에 드는 습관이 몸에 밴 까닭이었다. 그러니 새벽기도는 언감생심이었다.

신학을 공부하면서 처음에는 현장 목회자의 길 대신에 학자로서 교회를 섬기고 싶은 열망이 더욱 컸던 이유 중 하나도 따지고 보면 새벽기도에 대한 부담감 때문이었다. 일선 목회자의 삶을 살려면, 한국교회의 현실에서 매일 새벽기도를 인도해야 하는데, 야행성 체질인 나로서는 그 일이 엄두가 나지 않았다. 신학대학원을 졸업하고 부목사 사역을 시작할 때도 유일한 (청빙) 조건이 '새벽기도 면제'일 정도로 새벽기도에 대한 부담감이 컸다.

그런 내가 새벽기도를 꼬박꼬박 드리게 된 연유는 군대에서 처음 만난 지휘관 때문이었다. 수기사 기갑여단에서 처음 만난 여단장은 독실한 개신교 신자였다. P 대령은 1년 365일 내내 비가 오나 눈이 오나 새벽기도를 빠지는 법이 없었다. 심지어 전술 훈련을 나가서도 훈련장 근처의 마을 교회를 찾아가 반드시 새벽기도를 드렸다. 그는 제3사관학교 출신으로, 육군사관학교 출신들이 고위 계급과 보직을 독식하는 군 현실에서 오직 믿음, 성실, 노력만으로 대령까지 진급한 사람이었다.

초임 군목 시절 전방에서 미혼으로 혼자 생활하면서 이것저것 불편한 것이 많았던 때, 나는 P 대령과 그의 가족들의 배려와 사랑으로 무난히 군 생활에 적응할 수 있었다. 교회 안수집사이기도 했던 P 대령은 목사를 깍듯이 대했다. 지휘관이 목사를 정중하게 대하니 부대 내의 다른 간부들은 말할 것도 없었다. 오히려 내가 그런 상황을 발판삼아 안하무인이 되지 않도록 더욱 조심해야 할 판이었다. 하지만 P 대령은 내가 어쩌다 새벽에 못 일어나서 새벽기도를 인도하지 못한 날은 온종일 얼굴이 어두웠다. 그런 날은 나를 대하는 태도도 평소와 비교하여 조금 냉랭하게 느껴졌다(물론 내 개인적인 판단이다). 그만큼 새벽기도를 중요하게 생각했다. 그런 까닭에, 나는 혹시라도 새벽에 못 일어나서 새벽기도를 인도하지 못하면 어쩌나 하는 불안감과 부담감을 가지고 잠을 설치기 일쑤였다. 부목사 시절에도 "나더러 새벽기도를 나오라고 할 바에는 차라리 해고하라"고 당돌하게 외치던 내가 새벽기도에 목숨을 건 지휘관을 만난 덕분에 혹독한 수업을 받게 된 것이다.

수기사 기갑여단에 근무할 당시는 내가 아내와 한참 열애를 할 때였다. 나는 포천에서 근무하고, 아내는 서울에서 살고 있었다. 아내가 너무 보고 싶었던 나는 저녁 10시가 넘은 시간에 몰래 위수지역을 빠져나와 서울에 11시 30분쯤 도착해 아내의 집 근방에서 아내를 불러내어 야밤의 데이트를 즐겼다. 말이 심야 데이트지 살짝 얼굴만 보고 얼른 부대로 복귀해야 새벽기도를 정상적으로 인도할 수 있었다. 나는 30분 정도만 가볍게 얼굴을 보고 복귀하고 싶은데, 아내는 그런 나를 붙들고 계속 산책을 하며 이야기를 나누고 싶어 했다. 그러다 보면 어느새 새벽 1시가 되곤 했고, 그 뒤 나는 다시 1시간 30분을 운전해서 군인아파트에 도착하여 그냥 뜬눈으로 밤을 새운 후 새벽기도를 인도하는 날도 있었다. 아무튼 그런 식으로 내 야행성 체질이 새벽기도 체질로, 조금씩, 강제로, 서서히 바뀌어 갔다. 이게 다 새벽기도에 목숨을 건 지휘관을 만난 덕분이다.

사실 P 대령의 이야기를 꺼낸 것은 새벽기도 이야기를 하고자 함이 아니라 다른 이야기를 하고 싶어서다. 전방에서 혼자 살면서 식사 문제로 고민이 많은 내 형편을 어느 정도 눈치채고 있었던 P 대령은 이따금 나를 지휘관 관사로 초청해서 저녁 식사 대접을 하곤 했다. 하루는 함께 저녁을 먹은 뒤 차를 마시며 환담을 나누는데 대화 도중에 갑자기 사단장님으로부터 여단장을 찾는 전화가 왔다. 그때 우리 두 사람은 관사 마룻바닥에 앉아 편하게 이야기를 나누고 있었는데 사단장으로부터 온 전화를 받자마자 P 대령이 갑자기 정자세로 무릎을 꿇더니 공손하게 보고를 하는 것이다. 나는 그 모습을 보면서 속으로 혀를 내두르지 않을 수 없었다. 솔직히 말해 사단장이 눈앞에서 지켜보고 있는 것도 아닌데 굳이 여단장이 무릎을 꿇을 필요가 있을까 싶으면서도, 보이지 않는다고 해서 상급자에게 함부로 행동하지 않는 그 모습에 적잖은 감동을 받았다. 그리고 하나님 앞에서 신자의 삶의 태도가 그와 같아야 하지 않을까 하는 생각이 들었다.

개신교회의 시작을 알렸던 종교개혁의 근본적인 모토는 '코람데오' 사상이다. 코람데오란 '하나님 앞에서'란 뜻이다. 사람의 눈에 보이지 않는 하나님이 실제로는 우리 삶의 일거수일투족을 빼놓지 않고 지켜보신다는 의식을 갖고 일상의 모든 일을 정자세로 살아내려는 믿음과 정신이 바로 코람데오의 자세다. 지금 한국 개신교회에 무엇보다 필요한 정신이 바로 이것이 아닐까 싶다.

철원에서 온 집사님

앞에서도 적었지만 포천에서 군 생활을 하는 동안 가장 큰 애로사항
은 식사 문제였다. 대부분의 군부대가 그렇듯 수기사 기갑여단도 도
시나 마을과는 일정 거리 떨어져 있었기 때문에 부대 근처에서 손쉽
게 밥을 사 먹을 만한 식당이 흔치 않았다. 그렇다고 젊은 남자 혼자
살면서 매번 찬거리를 사다가 음식을 조리해 먹을 수도 없었다. 기
갑여단에 배치받은 첫 한 달간은 매일 아침 라면을 끓여 먹었는데,
30일 동안 쉬지 않고 라면을 먹었더니 나중에는 라면 냄새만 나도 메
스꺼웠다. (그래서 이후로 한동안 라면은 쳐다보지도 않았다.) 점심 식사는
부대 식당에서 대충 해결하면 되지만 아침과 저녁 식사는 늘 골칫거
리였다.

결국 저녁마다 자동차를 운전해서 포천 읍내로 나와 여러 식당
을 전전하며 끼니를 해결하는 수밖에 없었다. 포천읍까지 나와 저녁
식사를 먹는 김에 기왕이면 내일 아침 식사까지 해결하고 귀가해야

한다는 생각에, 가는 식당마다 항상 공깃밥을 두 그릇씩 주문했다. 그랬더니 나중에는 포천 읍내의 식당 주인들이 전부 내 얼굴을 익혀서 나만 가면 따로 주문하지 않았는데도 자동으로 공깃밥을 두 개씩 내오곤 했다.

하루는 '오늘은 당최 어느 집에 가서 뭘 먹어야 하나' 고민을 하며 포천 읍내를 배회하는데 한쪽 귀퉁이에 있는 작은 식당이 눈에 띄었다. 처음에는 별생각 없이 들어간 집인데도 음식이 제법 맛있었다. 짜고 자극적인 음식을 싫어하는 내 입맛에 딱 맞는 그런 집이었다. 그다음부터는 거의 매일같이 그 집으로 저녁을 먹으러 갔다. 곱상하게(?) 생긴 젊은 남자가 저녁마다 혼자 밥을 먹으러 오니 식당 주인아주머니가 궁금했는지 한번은 "어디서 무얼 하는 청년이냐"고 물어보셨다. 산 너머 탱크 부대에서 군목으로 근무한다고 답했더니 아주머니가 반색을 하면서 자신도 철원에 있는 교회를 열심히 다니는 집사라며 아주 좋아했다. 그 아주머니는 주말에는 철원의 집에 가고 주중에는 포천에서 식당을 운영하느라 가족과 떨어져 지낸다고 했다.

이렇게 서로의 정체(?)를 알고 나자 한 가지 곤란한 일이 생겼다. 식당 주인께서 그다음부터는 밥값을 한사코 안 받으려고 하는 것이었다. 그분의 논리는 단순명료했다. "집사가 어떻게 목사한테 밥값을 받겠느냐"는 것이었다. 그때마다 나도 "목사가 정당하게 자기 돈 주고 밥을 사 먹어야지 공짜로 얻어먹느라 집사님한테 민폐를 끼치면

쓰겠냐"며 물러서지 않고 맞섰다. 그렇게 옥신각신하다가 결국은 식사비를 받되 대신 음식을 더 많이 주는 것으로 대충 합의를 봤다. 아무튼 그렇게 해서 나는 한결 마음 편하게 저녁 식사를 해결할 수 있었다. 매번 그 집으로 식사를 하러 간 것은 아니지만 그래도 꽤 자주 그 식당을 애용했다. 나보다 나이가 최소 열다섯 이상은 더 많아 보였던, 선한 미소가 일품이었던 식당 주인의 모습을 보는 것만으로도 마음이 편했다.

그렇게 일 년쯤 지났을까, 어느 주일날 아무런 예고도 없이 식당 주인아주머니가 군인교회 예배에 참석한 모습이 눈에 잡혔다. 아마 나를 만나러 왔다고 하고서 위병소를 통과한 듯했다. '어라, 이번 주는 바빠서 철원의 본 교회에 못 가셨나' 싶었다. 예배가 끝난 다음 아주머니 손을 붙잡고 "어떻게 군인교회 예배에 다 오셨냐, 정말 잘 오셨다"고 반가운 내색을 했더니, 아주머니가 "실은 포천 식당을 정리하고 이번 주에 철원으로 아주 돌아갈 예정"이라며 떠나기 전에 마지막으로 목사님 얼굴을 뵙고 가야 예의일 것 같아 찾아왔다는 뜻밖의 말씀을 하셨다. 왜 식당을 정리했냐고 묻자, 식당을 운영하면서 (자신이 기독교인인 까닭에) 술을 안 팔았더니 포천 사람들이 외지(철원) 사람이라고 왕따를 시켜서 그동안 적자 폭이 컸다는 대답이 돌아왔다. 더는 버티기 어려워 식당을 정리했다며, 그분은 갑자기 가방에서 흰 봉투 하나를 꺼내 내 양복 주머니에 찔러넣었다. "이게 뭐예요?" 눈이 똥그래진 내가 되묻자, 그분이 "이거 그동안 목사님한 테 받았던 식사비 전부 모아놓은 거예요. 제가 처음부터 이 돈 모아 놨다가 언젠가 목사님 교회에 헌금하려고 했어요. 이제 식당을 정리 했으니 헌금하고 가려고 온 거예요" 하는 것이었다. 약 일 년 전 내가 한사코 공짜 밥을 안 먹으려고 버티니까 그렇게라도 혼자 작정을 하 고 돈을 모아놓았던 것이다. 나는 눈시울이 붉어져 더 이상 말을 이 을 수가 없었다. 혹 그 집사님이 지금도 살아계신다면 일흔 언저리가 되셨을 것 같은데, 왠지 여전히 자상하고 선한 미소만큼은 그대로 일 듯하다.

제게 맡겨주십시오

1993년에 군에서 소위 '17사단 훼불 사건'이 발생했다. 17사단 훼불 사건이란 쉽게 말해 17사단 전차대대에서 일어난 종교 갈등을 지칭한다. 독실한 불교 신자였던 17사단 전차대대장이 재임 중 부대 창고를 법당으로 개조해서 사용하였는데, 후임으로 온 독실한 개신교 신자 대대장이 법당을 원래의 창고로 원상복구 시킨 것을 놓고 불교계가 종교 탄압이라며 발칵 뒤집힌 사건이다. 당시 불교계의 반발이 워낙 거셌기 때문에 결국 해당 개신교 신자 대대장이 옷을 벗어야 했다. 이 사건 이후로 군에서 개신교와 불교 간 긴장의 파고가 높아졌다. 서로 종교 문제로 꼬투리만 잡히면 상대가 누구든 옷을 벗기겠다는 묘한 분위기가 흘렀다. 군종장교들 사이에서도 이런 식의 대화가 공공연히 오갔던 기억이 난다. 당시는 개신교가 대규모의 진중세례식을 앞세워 워낙 공격적으로 군 선교에 매진할 때인 데다, 불교계의 피해 의식이 컸기 때문에 더욱 예민한 시기였다.

내가 군에서 만난 두 번째 지휘관이 바로 그 17사단 전차대대장 출신의 독실한 불교 신자인 H 대령이다. 말하자면 훼불 사건의 단초를 제공한 인물이었다. 개신교 입장에서 보자면, 그가 부대 창고를 법당으로 개조해서 종교 활동을 지원하지만 않았어도 그런 사달은 벌어지지 않았을 테니 말이다. 역으로 말하자면, 그만큼 H 대령의 불교 신앙이 독실했다. 내 편에서는 운명도 참 얄궂었다. 첫 번째로 만난 지휘관은 연중 새벽기도를 한 번도 거르지 않을 정도로 독실한 개신교인이었던 데 반해, 두 번째로 만난 지휘관은 출근 전과 퇴근 후에 반드시 부대 법당에 들러 108배를 하는 사람이었으니 말이다.

나를 대하는 H 대령의 태도는 처음부터 꼬장꼬장했다. 전임 지휘관은 아침 상황회의 때도 항상 나를 '목사님'이라고 불렀다. 군대 특성상 지휘관이 군종장교를 '목사님'이라고 호칭하는 순간 '군목'의 위상은 '군인'보다는 '목사' 쪽으로 무게의 추가 쏠릴 수밖에 없다. 쉽게 말해서, 목사 입장에서는 그만큼 군대 생활이 편해진다는 뜻이다. 반면 두 번째 지휘관은 항상 나를 '군종장교'로 호칭했다. 즉 너는 군인이니까 내 지휘 관할에 있다는 뜻이다. 따라서 행여 트집이라도 잡힐까 봐 더욱 신경 써서 근무를 해야만 했다.

1997년 12월 어느 주일이었다. 내 삶에서 도저히 잊을 수 없는 사건이 벌어졌다. 주일이면 군인교회 주일학교 학생들을 데려오고 데려다주는 일을 편하게 하도록 부대에서 승합차를 내어주는 것이 오랜 관례였다. 승합차 지원이 없으면 부대와 멀리 떨어진 관사나 마을에 사는 학생들을 교회로 데려올 수가 없었다. 물론 운전은 부대 수송부 소속의 (개신교 신앙을 가진) 운전병이 (휴일임에도) 봉사 차원에서 맡았다. 그런데 신임 여단장이 이것을 문제 삼은 것이다. 한마디로 왜 부대 차량을 특정 종교 활동을 위해서 무단으로 사용하느냐는 것이었다. 그냥 구두로 문제 삼은 정도가 아니라 주일 오후에 비상을 걸어 나를 비롯한 전체 간부를 여단 연병장으로 소집했다. 나는 지휘관이 급하게 찾는다는 연락을 받고 교회 사무실에서 양복 차림으로 앉아 있다가 영문도 모른 채 후다닥 달려갔다.

연병장에 도착해보니 화가 잔뜩 난 지휘관이 승합차 문제를 거론하면서, 그리고 내 이름을 공개적으로 들먹이면서, 부대 기강이 개판이니 어쩌니 하며 마침내 전체 간부들을 상대로 제식훈련을 시켰다. 일종의 군기를 잡는 것이었다. 전방의 추운 날씨에 달랑 양복만 입고서 칼바람이 휘몰아치는 연병장에 제대로 서 있기도 힘든데, 주일날 목사가 "앞으로 갓, 뒤로 돌아서 갓, 좌양 앞으로 갓"을 하고 있자니 속에서 천불이 올라왔다. 이는 명백히 종교 탄압이었다. 개신교와 불교계 사이에 서로 건수만 생기면 옷을 벗긴다며 격양되어 있던 상황에서 이런 호재가 터진 것이다. 지금 세상이 어떻게 돌아가고 있는지를 지휘관 자신만 모르는 것 같았다. 어쨌거나 나는 그날 태어나서 자존심에 가장 큰 상처를 입었다.

아니나 다를까, 불교 신자 지휘관이 개신교 목사에게 주일날 기합을 주었다는 이야기가 사단에 정보 보고되자 사단이 발칵 뒤집혔다. 사단장을 비롯하여 사단 기무부대장, 감찰참모 모두 독실한 개신교 신자들이었다. 기무부대장은 나와도 가까운 사이였다. 그는 내게 직접 "목사님, 이 일은 제게 맡겨놓으십시오. 제가 책임지고 바로 잡도록 하겠습니다" 할 정도였다. (그도 그럴 것이 당시 아내의 외삼촌이 기무사령부의 최고위 장교였다.) 그 사태는 그림을 어떻게 만드느냐에 따라, 잘만 하면 최근 몇 년간 불교계의 등쌀(?)에 시달려온 개신교 군 선교의 판도를 일거에 뒤바꿀 수도 있는 호재였다. 하지만 나는 기무부대장의 제안을 정중하게 거절하며 이렇게 대답했다.

"집사님, 이 일은 모른 척하시고 그냥 제게 맡겨주십시오."

그 사건이 있고 난 뒤로 나는 H 대령에게 평소보다 두 배로 더 잘했다. 상황회의 참석도 더 철저히 했고, 보고서도 더 세밀하게 만들었다. 부대 훈련장 위문 및 정신교육에도 최선을 다했다. 가족들을 서울에 두고 혼자 전방에서 근무하며 관사를 사용하고 있는 지휘관의 형편을 고려하여, H 대령이 특별한 일정이 없는 날은 일부러 저녁에 맛있는 음식을 사 들고 관사를 방문해서 밤늦게까지 사적으로 많은 대화를 나눴다. 그렇게 얼마간의 시간이 지나자 지휘관이 상황회의에서 나를 '목사님'이라고 부르기 시작했다. 또 얼마가 지난 후에는 심지어 주일날 가끔 교회에 예배를 드리러 오기도 했다. 그러면서 "법당에 가면 너무 조용해서 쓸쓸한 데 반해 교회에 오면 (예배가) 활기차서 좋단 말이야. 덤으로 목사님 얼굴도 보고 말이야"하며 호탕하게 웃곤 했다. 훗날 인사과장에게 들은 말인데, H 대령이 연말에 부하 장교들 평점을 매기면서 내 서류에 이렇게 적었다고 한다. "군대에서 30년 동안 근무하면서 이런 목사님은 본 적이 없음. 최고임."

만약 내가 주일날 기합받은 것을 빌미로 성직자의 특수성과 자존심을 내세워 H 대령의 옷을 벗기려고 시도했다면 그런 우호적인 관계는 도저히 만들 수 없었을 것이다. 하지만 자존심을 내려놓고 상대를 더욱 성심껏 대했더니 나중에는 그 어떤 사람보다 더 나를 지원하고 칭찬하는 우군이 되었다. 그 덕에 나도 맹호부대에서 좋은 추억을 가지고 떠날 수 있었다.

교회로 숨어든 병사

맹호부대에서 군종장교로 근무하는 동안 가장 심혈을 기울였던 업무는 매주 새로 오는 신병들과 하루를 즐겁게 보내는 일이었다. 매주 20-30명씩 논산훈련소 혹은 사단 훈련소에서 신병들이 왔는데, 부대에서는 전입해온 신병들을 가장 먼저 교회로 보내 온종일 나와 함께 있도록 했다. 나는 신병들을 대상으로 오전에는 심층 상담을 하고, 점심에는 라면을 끓여서 함께 먹은 다음, 오후 내내 농구와 족구 시합 등으로 시간을 보냈다. 가끔은 부대 버스를 이용해 신병들을 태우고 포천 인근의 온천을 찾아 목욕을 시켜주기도 했다. 이렇게 신병들과 하루를 함께 지내다 보면 막막한 자대 생활을 앞두고 잔뜩 얼어 있던 이등병들의 마음이 열리면서 온갖 개인적인 고민과 비밀을 털어놓기 시작한다. 부대 편에서는 군목의 적극적인 군종 활동을 통해 신병들의 부대 적응을 도모하는 셈이다.

지휘관이나 간부들에게는 털어놓지 않는 심각한 고민거리들을 목사 앞에서는 토로하는 경우가 많기 때문에 상담을 통해 알게 된 비밀들을 지혜롭게 처리해야 하는 것도 군목이 갖춰야 할 중요한 덕목 중 하나다. 군목이 너무 지휘관 입장에서 행동하다 보면 자칫 병사들의 신망을 잃을 수 있고, 반대로 병사들 입장에서 주로 처신하다 보면 지휘관의 신뢰를 못 받을 수 있다. 따라서 병사들 개개인의 인격과 자존심을 지켜주면서도 부대의 지휘 통솔에 손해를 입히지 않도록 적절한 정무 감각이 필요하다.

신병들 가운데는 정신적인 어려움(공황장애, 우울증, 분노조절장애)으로 고통받는 경우도 많았고, 이별을 요구하거나 덜컥 임신한 여자 친구 문제로 갈등하는 친구들도 많았다. 경제적으로 어렵고 연로하신 부모님 때문에 힘들어하는 친구들도 있었다. 지금은 사례가 훨씬 다양해졌지만 그때도 이미 한부모 가족들이 적지 않았다. 부대 입장에서는 이런 것들 모두가 '잠재적 위험' 요인이다. 탈영이나 자살의 요인이 될 수 있기 때문이다. 군목에게 할당된 업무가 바로 이런 병사들을 잘 파악하고 보살피는 것이다.

지금도 기억하는 한 이등병은 덩치는 산처럼 컸는데 겁이 유난히 많았다. 전입 신병 상담 때부터 내 앞에서조차 겁을 먹고 몸을 덜덜 떨던 친구였다. 말도 어눌하고 두서가 없었다. 가정 형편도 불우했다. 대개 이런 친구는 중대에 배속되면 소위 '고문관'이라 하여 동료들을 애먹이게 되고 그로 인해 미움을 받을 가능성이 크다. 앞으로 펼쳐질 상황이 불 보듯 환했다. 그래서 한동안 내가 좀 더 신경을 써서 챙겨주었다. 그 친구는 입대하기 전에는 교회를 다니지 않았지만 자대에 와서 목사가 잘해주니 (신앙 유무와 상관없이) 종교행사 시간마다 꼬박꼬박 교회에 왔다. 그런데 어느 날 이 친구가 훈련을 앞두고 부대가 급히 돌아가는 틈을 이용해 일과가 시작되자마자 월담을 했다. 결국 부대 적응에 실패한 것이다. 탈영이 발생하자 부대 전체에 비상이 걸리고 헌병이 이 친구를 잡으러 본가가 있는 의정부로 출동했다.

나는 온종일 마음이 불편했다. 부대 적응에 실패하고 탈영병 신세가 되어 인생을 망친 이 친구가 불쌍했다. 그렇게 종일 심란한 마음을 억누르면서 교회 사무실에 앉아 있다가 퇴근 시간에 맞춰 나오려고 하는데 예배당 뒤편 창고 쪽에서 인기척이 들렸다. 무슨 일인가 하여 살며시 다가가 보니 그 친구가 교회 창고 뒤편에 몸을 숨긴 채 쭈그리고 있었다. "어, 너 여기 있었어? 어떻게 된 거야?" 하고 사무실로 데려와 자초지종을 물으니, 이 친구 말이 자기가 탈영한 것은 사실인데, 포천 읍내에 가서 시외버스를 타고 집으로 가다가 생각해보니 진짜 도망쳤다가는 큰일 날 것 같아 중간에 마음을 바꿔 먹고 다시 돌아와 도로 부대 담을 넘어 교회에 숨어 있었다는 것이다.

나는 그 길로 즉시 부대에 전화를 걸어 탈영한 병사와 내가 함께 있다고 알렸다. 그리고 사실은 내가 아침에 긴급하게 상담할 일이 있어 그 병사를 교회로 불러서 종일 둘이 같이 시간을 보냈다고 말하고는, 내가 미리 중대장에게 해당 병사와 상담 예정이 잡혔으니 협조해달라는 의사소통을 제대로 안 해서 마치 탈영이 발생한 것처럼 부대에 큰 소동을 일으켜 죄송하다고 정중히 사과했다. 다행히 그날의 탈영 사건은 군종장교의 의사소통 미숙으로 인한 해프닝으로 처리되었고, 그 이등병은 무사히 부대로 복귀했다. 모르긴 해도 지휘관들 역시 그날 내가 거짓말한 것을 뻔히 알면서도 짐짓 모른 척했을 것이다. 이렇게 서로 (선의로) 속이고 속아줌으로써 한 젊은이의 인생이 불행해지는 걸 막을 수 있었다.

전세금에 대한 뼈아픈 추억

이 나이가 되도록 내 이름으로 된 집 한 채 없어서인지는 모르겠으나 대체로 나는 집에 대한 좋은 추억이 없다. 결혼하기 이전에는 15평 남짓한 작은 연립주택에서 여섯 식구가 함께 살았다. 방 두 개 중 하나는 부모님이 쓰시고, 다른 하나는 여동생 차지였다. 아들 셋은 서너 평짜리 마루가 곧 방이었다. 실은 오랫동안 단칸 셋방을 전전하다가 아버지가 15평짜리 집을 장만한 것만 해도 감지덕지했다. 예전에는 교인들이 시도 때도 없이 목사 사택으로 기도해달라고, 상담해달라고 찾아오는 일이 다반사였다. 야심한 시각에 예고도 없이 사람들이 찾아와서 아버지께 기도해달라고 부탁하는 날이면, 마루에서 간편복(?) 차림으로 잠잘 채비를 하던 우리 삼 형제는 기겁을 하고 화장실로 도망친 다음 손님이 돌아가실 때까지 한 시간이고 두 시간이고 숨어 있어야 했다.

군대에서 13평짜리 군인아파트를 배정받았을 때가 내가 처음으로 나만의 공간을 가졌던 때다. 하지만 그 낡고 오래된 군인아파트에는 쥐가 아주 많았다. 밤에 잠을 자려고 누우면 천장에서 쥐들이 찍찍거리며 소란을 피우는 통에 쉽게 잠을 이룰 수가 없었다. 아침에 출근했다가 저녁에 퇴근하면 그사이에 쥐들이 들어와서 휴지통을 헤집어놓는 일이 반복되었다. 나는 쥐들의 만행을 도저히 참을 수가 없어 놈들을 퇴치하기 위해 '찍찍이'를 사다가 집안 곳곳에 부착해놓았다. 그 덕에 내 공간에 무단으로 침투한 쥐들이 찍찍이에 달라붙어 현장에서 사망하는 일이 잦았다. 문제는 쥐들이 곱게 죽는 것이 아니라 찍찍이에서 탈출하기 위해 필사적으로 몸부림을 치다 보니 집안 전체가 쥐 털과 찍찍이의 본드가 뒤섞인 이물질로 흥건했다는 것이다. 그러면 걸레에 락스를 묻혀 그걸 일일이 닦아내야 했다. 포천에서 생활하면서 그런 식으로 잡은 쥐의 숫자가 적지 않다. 지금은 별 감흥 없이 이야기할 수 있지만 당시로써는 고역 중의 고역이었다.

1998년 여름 수도기계화보병사단을 떠나 제30기계화보병사단으로 자리를 옮긴 지 몇 달 후에 결혼을 하였다. 신혼집은 고양시 덕양구 행신동의 햇빛마을 아파트 19단지에 마련하였다. IMF 사태가 한창 진행 중이라 신설 아파트 전세금이 무척 쌀 때였다. 32평 아파트 전세금을 2년 기한으로 5,500만 원에 계약했다.

집주인은 국회에서 근무하는 행정고시 출신의 고위 공직자였다. 서울 대림동의 모 감리교회에 출석하는 (남자) 권사라고 했다. 곧 장로가 될 것 같다고도 했다. 공직을 수행하면서 야간 신학교를 다닌다는 말도 했다. 세입자인 내가 목사라는 것을 알고는, 목사님한테 전세를 주게 돼서 너무 기쁘다며 이는 필시 하나님의 섭리가 있는 것 같다고도 했다.

꽤 길게 갈 것 같았던 IMF 사태는 예상보다 훨씬 빠르게 불길이 잡히기 시작했고, 덩달아 집값도 가파르게 상승하기 시작했다. 그러자 목사 세입자를 만나서 너무 좋다던 권사 집주인이 하루가 멀다 하고 전화를 걸어 전세금을 올려달라고 요구하기 시작했다. 분명 전세 계약 기한은 2년이고, 아직 전세 기간이 1년 6개월이나 남은 상황에서 매일같이 전화를 걸어 "아파트 가격이 상승하고 있으니 거기에 맞춰 전세금을 3천만 원 더 올려달라"는 것이었다. 전세금을 올리거나 아니면 집을 비워달라고 어찌나 닦달을 하는지 매번 전화를 받은 아내가 노이로제에 걸릴 것만 같았다. 보다 못한 나는 할 수 없이 여기저기 융통해서 3천만 원을 장만하여 전세금을 올려줄 수밖에 없었다. 전세금 인상분을 송금하자, 집주인에게서 전화가 왔다. 자기도 미안하게 생각한다면서 기왕이면 자기네 집에서 오랫동안 살며 좋은 일이 많았으면 한다는 것이었다. 나는 어처구니가 없었지만 그냥 "네" 하고 전화를 끊었다.

굳이 이런 글을 쓰는 이유는, 언제부터인가 페이스북에 그때 그 집주인 이름이 자주 뜨기 때문이다. 그 집주인이 내 페친들 일부와

서로 댓글을 주고받으면서 '은혜로운 신앙 용어'들을 나누는 장면을 볼 때마다 씁쓸한 마음을 억누를 길이 없다.

나는 한국의 그리스도인들이 차라리 은혜로운 말들은 대폭 줄이더라도, 여러 채의 집을 가진 그리스도인들이 부동산 정의와 자비를 실천하는 데 앞장선다면 필경 그에 비례하여 이 땅에 하나님 나라가 더 강력하게 임할 것이라고 확신한다.

공부 안 하면 저런 데서 산다

제30기계화보병사단에서 3년 근무하고 옮긴 부대는 안양에 있는 제1113야전공병단이다. 1113야공단 필승교회는 부대 밖에 위치하고 있어 군인 신자뿐 아니라 소위 민간인 신자들도 함께 출석했다. 이곳에서도 처음 맞닥뜨린 과제는 예배당 건축이었다. 2001년 여름 30사단을 떠나면서 송별 축구를 하다가 허리를 심하게 다쳐 몸을 제대로 가누지 못할 정도로 힘들었는데, 그런 몸을 이끌고 예배당 건축을 하려니 더욱 고통스러웠다. 하지만 그 상황에서도 결국 예배당 건축이 무사히 완료되었고, 건축이 끝나던 날 기적같이 허리 통증도 사라졌다. 그사이 주일 오전에 한 번만 드리던 예배는 2부로 나눠서 드릴 정도로 교회가 부흥했고, 새로 온 군목이 '신령하다'(?)는 소문이 나서 민간인 신자들의 유입도 계속 증가하였다.

지금은 안양 박달동 일대가 전부 개발되어 고층 아파트촌이 되었다는 이야기를 들었다. 하지만 당시 그 지역은 5층짜리 낡은 군인아파트 단지가 대부분이었고, 그 주위로 고층 민간인 아파트들이 듬성듬성 자리하고 있었다. 필승교회 신자들의 한쪽을 차지하는 군인 가족들은 15평짜리 아파트에 살고 있었고, 민간인 신자들은 최소 33평 혹은 40평 이상의 아파트에 사는 경우가 일반적이었다. 이따금 민간인 신자들 집에 심방을 가서 마루 베란다 창문으로 내다보면 발밑에 작고 허름한 군인아파트들이 옹기종기 밀집된 장면이 한눈에 들어왔다. 한번은 어느 집사님으로부터 이런 이야기를 들었다. 민간인 아파트에 사는 주민들이, 자식들이 공부를 안 하면 일부러 창가로 데려가서 군인아파트를 가리키며 "너 공부 안 하면 나중에 저런 집에서 사는 거야"라고 겁을 준다는 것이었다. 씁쓸한 이야기였다.

실은 그때나 지금이나, 이게 바로 한국사회의 본질이자 모순의 핵심이다. 왜 우리가 공부를 해야 하는가? 왜 우리 자녀들이 공부를 해야 하는가? 공부를 하는 목적이 어디에 있는가? 공부를 하는 가장 근본적인 까닭은 '올바른 삶을 살기 위해서'다. 하지만 절대다수의 한국인들이 공부하는 목적은 '저런 (허름한) 데서 혹은 저런 (허접한) 삶을 안 살기 위해서'다. 바꿔 말하면, 남들보다 더 높고 큰 집(자리)에서 살기 위함이다. 그래서 자기보다 작고 허름한 장소에서 사는 사람들을 내려다보며 안심하거나 으스대기 위함이다. 대개의 한국인들은 어떤 인간이 되느냐, 어떤 삶을 사느냐에 대해서는 별 관심이 없다. 오로지 중요한 것은 '어디서 사느냐'다. 수단 방법을 가리지 않고서라도 더 높고 큰 집에서 살면 그것이 바로 잘사는 것이고, 좋은 인간의 모델처럼 여겨진다. 반면 제아무리 올바로 살아도 사는 곳이 볼품없고 빈한하면 그 사람의 인생은 실패한 것으로 간주된다. 사회 전반의 철학과 문화가 이렇다 보니, 너도나도 할 것이 없이 모두가 기를 쓰고 더 높고 큰 집을 차지하려고 혈안이 되어 있다.

"공부 안 하면 나중에 저런 형편없는 데서 산다" 또는 "공부를 잘해야만 나중에 이렇게 높고 큰 집에서 산다"는 한국인의 허위의식은 같은 평수와 층수의 사람들끼리 카르텔을 만들어 합종연횡을 가속하는 특징을 갖는다. 비슷한 재력과 학력을 가진 사람들끼리 각종 연고를 통해 굳건한 운명 공동체를 형성하는 것이다. 가장 대표적인 것이 '혼맥'이다. 심지어 교회도 재력 정도에 따라 인간관계와 친교의 층위가 확연히 달라진다. 일전에 어느 공공신학자로부터 서울 강남에 있는 교회들의 청년부 실태를 조사해봤더니, 부모가 재력이 있는 청년들의 경우 부모와 함께 오전 11시 예배에 참석하고, 그렇지 못한 청년들의 경우 오후 2시 청년부 예배에 참석하는 경향이 고착되었다는 이야기를 들은 적이 있다. 그는 덧붙이기를 오전 11시 예배에 참석하는 청년들은 부모의 인맥을 매개로 하여 같은 시간대 예배에 참석하는 다른 청년들과 결혼에 성공하는 확률이 높은 반면, 오후 2시 청년 예배에 출석하는 청년들의 경우 결혼을 포기하거나 주저하는 확률이 더 높다고 했다. 이것이 지금 한국교회의 실태다.

한편, 남보다 더 크고 높은 집에서 살고자 하는 욕망은 자신과 비슷한 계급의 사람들과 카르텔을 형성하는 것에 머무르지 않고 한 걸음 더 나아가 자신이 획득한 층고와 평수를 자녀들에게 세습하는 데까지 확장된다. 이렇듯 아파트 평수 문제는 현재 한국사회의 모든 욕망이 한데 농축된 전쟁터와 같다. 그리고 이런 한국사회의 모습은 우리 사회가 과연 21세기의 문명사회인지, 아니면 봉건왕조가 지배하던 전근대사회인지를 되묻게 한다. 넓이와 위치, 즉 공간이 만들어내는 힘이 지배하는 사회, 그리고 그 힘을 자녀들에게 세습하는 사회, 과연 이것이 문명사회의 모습일까!

용기

내가 주변 사람들에게 곧잘 듣는 평은 '겁이 없다'는 것이다. 하지만 세상에 겁 없는 사람이 어디 있겠는가? 나도 은근히 겁이 많다. 다만 겁이 없는 척하는 것뿐이다. 때로는 겁이 나지만 애써 용기를 내서 어떤 행동을 실천하는 경우도 있다.

군목으로 7년간 사역하는 동안 '겁 없이' 혹은 '겁을 상실해서' 행동한 적이 몇 번 있다. 그런 내 행동 때문에 정작 당사자인 나는 별 신경을 쓰지 않았는데도 오히려 주변 사람들의 오금이 저렸다는 이야기를 들었다.

수도기계화사단 기갑여단에서 군목으로 근무할 때 있었던 일이다. 무슨 바람이 불었는지 한번은 사단장님이 직접 여단 교회 예배에 참석하겠다는 전갈이 왔다. 사단장이 출동하니 사단 주요 참모들은 말할 것도 없고 독실한 불교 신자인 여단장도 양복을 말끔하게 차려입고 예배에 참석했다. 조그만 야전 교회에 갑자기 고급 장교들이

92

빼곡히(?) 착석하자 예배에 참석한 병사들의 얼굴에 긴장한 표정이 역력했다. 그런데 설교 도중에 사단장이 맨 앞자리에 앉아 꾸벅꾸벅 조는 것이었다. 내가 설교를 시원치 않게 해서 그런 건지 아니면 사단장이 너무 피곤해서 그런 건지는 몰라도 어쨌거나 평소에도 지휘 고하를 막론하고 누구든 예배 시간에 조는 것을 용납하지 않는 나는 그 자리에서 사단장을 일으켜 세워 주의를 단단히 주었다. 세상 물정 모르는 육군 중위 목사가 별 두 개짜리 지휘관에게 벌을 준 것이다. 얼굴이 벌게진 사단장이 자리에서 잠깐 일어났다 앉았고 그 뒤로는 절대 졸지 않았다. 물론 예배 분위기가 싸해진 것은 두말할 나위도 없다. 특히 여단장과 사단 참모 장교들의 얼굴이 하얗게 질렸다. 예배가 끝나고 식당에 모여 간단히 다과회를 진행하는데 사단 참모들이 "오늘 여단 목사님 때문에 간 떨어져 죽는 줄 알았다"며 고개를 절레절레 흔들었다. 다행히 사단장님이 "오늘 졸다가 목사님한테 제대로 걸렸다"며 웃어넘겨서 별문제 없이 일단락되었다. 돌이켜보면, 사단장을 일으켜 세운 나도 여간내기가 아니지만 그걸 웃어넘긴 사단장님도 보통 분은 아니다.

내가 목사로서 용기를 냈던 또 한 번의 일은 1113야전공병단에서 근무하던 2003년에 일어났다. 당시 미국 정부가 우리 정부에 이라크 파병을 요청했고 우리 정부는 고민 끝에 파병을 결정했다. 그때 1113야공단이 공병부대 파병의 중추적 임무를 수행하게 되었다. 이라크 파병이 결정되자 부대 전체가 들떠서 한껏 술렁거렸다. 전장 지역에 파병을 나가면 월급도 많이 받을뿐더러 인사 고과 점수가 월등히 높아져서 진급 심사에 크게 유리하다는 것이 그 이유였다. 자연히 서로 앞다투어 파병을 가고 싶어 했다. 그런 상황에서 나는 파병이 결정된 바로 다음 주일 예배 설교 시간에 이라크 파병의 부도덕성을 열거하며 신랄하게 비판했다. 공병단장과 주요 대대장이 모두 교회 안수집사였는데 나는 그들의 눈을 똑똑히 쳐다보면서 파병의 부당함을 설교했다.

당시 미국이 이라크를 침공하면서 내건 슬로건이 '자유 이라크'였다. 나는 성경에서 말하는 '자유'의 개념은 힘으로 상대를 굴복시키는 것이 아니라 (예수님의 모범처럼) 십자가의 죽음을 통해 다른 사람을 죄와 억압에서 해방시키는 것이라며 미국이 진정으로 이라크 국민을 자유롭게 하려면 무력 대신에 사랑으로 그들을 섬겨야 한다고 주장했다. 그러면서 성경에 나오는 '귀신 하나를 내쫓았다가 귀신 일곱이 들어온' 교훈처럼 미국은 이라크에서 사담 후세인이란 귀신 하나를 내쫓는 대가로 결국 귀신 일곱을 맞이하게 될 것이라고 경고했다. 워낙 내가 사자후를 토하며 거침없이 설교했기 때문에 그날도 분위기가 싸늘했다. 그 설교를 한 후 얼마 안 지나 나는 미련 없이 전역 지원서를 제출했다. 사람에 따라 호불호가 갈릴지 모르나, 나는 지금까지도 그때 그 설교가 내가 목사로서 행한 수많은 설교 중 가장 잘한 설교라고 생각한다.

　이 정도면 내가 꽤 용감한 사람 같아 보이겠지만 실은 진짜 용기 있는 사람들은 따로 있다. 한번은 새물결플러스에서 출판한『한국교회 설교 역사』를 편집하던 중 장기천(1930-2007) 목사님 일화를 읽으면서 감탄한 적이 있다. 장기천 목사님이 강원도 인제에서 군목으로 사역하던 중 이승만 대통령이 근처를 순방하다가 불시에 군인 교회 주일예배에 참석했다. 대통령 앞에서 무슨 말씀을 전할까 고민하던 장 목사님은 "3·15 선거는 하나님이 보시기에 불의하다"라는 설교를 했다고 한다. 이에 화가 잔뜩 난 중앙정보부장이 설교가 끝나자 권총을 꺼내 들고 "저놈을 죽일까요?"라고 묻자 이승만 대통령이 만류했다고 하니 그날의 예배 분위기가 어떠했는지 능히 짐작할 수 있다. 나는 장기천 목사님의 일화를 대하면서, '내가 군목 시절에 발휘(?)했던 만용은 아무것도 아니었구나' 싶었다.

　자본주의 사회에서 속물근성으로 가득한 신도들의 욕망을 부추기고 뒷바라지하기에 급급한 설교가 홍수처럼 범람하는 시대에, 그래도 이 땅 구석구석에 용기를 내서 참 하나님의 말씀을 전하는 설교자들이 출현하길 간절히 기대해본다.

용서를 구하다

쓸데없이 자존심이 센 나는 예나 지금이나 좀처럼 '잘못했다'는 말을 입에 담지 않는다. 나중에라도 행여 잘못했다는 말을 하기 싫어 오히려 더 철저하고 악착같이 맡은 일을 수행하기도 한다.

어린 시절에 아버지는 우리 네 형제를 모아놓고 야단을 칠 때면 당신이 직접 체벌하기보다는 회초리를 넘겨주시면서 "너희들 생각에 자기가 잘못했다고 생각되는 만큼 스스로 매를 때리라"고 말씀하시곤 했다. 그러면 동생들은 그 자리에서 곧바로 울음을 터트리며 아버지 품에 안겨 잘못했다고 싹싹 빌었다. 하지만 나는 '잘못했다'는 말을 하기 싫어, 아버지가 보는 앞에서 내 종아리를 회초리로 사정없이 내려치곤 했다. 나중에는 보다 못한 아버지가 화를 버럭 내며 내 손에서 회초리를 빼앗아가셨다. 결국 나는 끝내 잘못했다는 말을 안 하고 사태를 종결시킨 셈이다. (훗날 결혼해서 세 자녀를 낳아 키우며, 내가 얼마나 불효막심한 자식이었는지 절감했다.)

그런 내가 살면서 다른 사람 앞에 무릎을 꿇고 진심으로 '잘못했다'고 사과를 드린 적이 딱 한 번 있다. 2003년 5월이었다. 당시나는 전역 지원서를 내고 약간의 직업보도 기간을 허락받아 집에서 쉬고 있었다. 하루는 부대에서 급하게 나를 찾는 전화가 왔다. 부대에 전입해온 신병 하나가 산악 행군을 하다가 심장마비로 쓰러져 죽었다면서, 분당에 있는 수도통합병원으로 가서 장례 절차를 도와줬으면 좋겠다는 것이었다.

6월 30일에 전역 신고를 하러 마지막으로 부대에 출근하기 전까지 다시는 전투복을 입을 일이 없을 줄 알았던 나는 부랴부랴 군복으로 환복을 하고 수도통합병원으로 달려갔다. 수도통합병원에 도착해서 자초지종을 들어보니, 부대에 전입해온 지 겨우 한 달밖에 안 된 친구가 훈련 도중 사망한 것이었다. 죽은 친구의 가정 형편도 열악하기 짝이 없었다. 졸지에 아들을 잃은 부모님은 넋이 완전히 나가 대기실 바닥에 털퍼덕 주저앉아 있었다. 그런데 그 앞에서 해당 부대의 행정보급관 몇 명이 열심히 뭔가를 설명하고 있었다. 자세히 들어보니 이런 이야기였다. "아버님, 어머님, 사랑하는 아들이 죽어서 상심이 크시겠지만, 저희가 조사해본 바에 따르면 가정 형편도 어려운데 그래도 이제 아들이 죽어서 국립묘지에 묻히게 되었고 또 그 덕에 부모님 앞으로 평생 연금이 나오게 되었으니 아들이 떠나기 전에 효도했다고 생각하시고 부디 마음을 푸세요." 그 말을 귓전으로 흘려들으면서 병사의 어머니는 멍한 눈빛으로 허공을 응시했고, 그 옆에서 아버지는 말없이 담배 연기만 퍽퍽 내뿜고 있었다.

　나는 기가 막혔다. 아니, 뜨거운 분노가 치밀어 올랐다. 세상에 하나밖에 없는 자식이 죽었는데 그런 상황에서 부모님께 고작 하는 말이 '묘지 타령'에 '연금 타령'이라니 억장이 무너졌다. 그래서 차마 분을 이기지 못하고 행정보급관들을 향해 버럭 소리를 질렀다. "야, 이 쌍놈의 xx들아, 지금 이 상황이 그런 이야기를 할 때냐?" 아마 이때가 내 인생에서 가장 심한 욕설을 내뱉은 때가 아니었을까 싶다. 그리고 즉시로 나는 죽은 병사의 부모님 앞에 정중하게 무릎을 꿇고 용서를 빌었다.

　"아버님, 어머님, 정말 잘못했습니다. 저희가 아드님을 잘 지켜줬어야 했는데 그러질 못해서 큰 죄를 지었습니다. 정말 죽을죄를 지었습니다. 용서해주십시오."

　사실 나는 부대의 병력 관리 책임을 맡은 장교도 아니고, 또 이미 전역 지원서가 통과된 상태에서 직업보도 기간 중이었기 때문에 굳이 그 현장에 가지 않아도 되었다. 더군다나 내가 죽은 병사의 부모님께 고개를 조아릴 이유가 없었다. 하지만 나는 무엇과도 바꿀 수 없는 자식을 잃은 비통함에 젖어 있는 부모님께 한 인간으로서 내가 할 수 있는 최선의 예를 갖추고 싶었다. 내가 엎드려 "잘못했다"고 사과를 드리자 그제야 비로소 죽은 병사의 어머니가 오열을 터뜨리기 시작했다. (그리고 아버지는 그제야 '장례동의서'에 서명을 했다.) 참으로 서럽고 아픈 울음소리였다. 나도 한참을 함께 울 수밖에 없었다. 생면부지 사람들의 불행과 위로를 눈물이 서로 연결해주었다.

라이카 카메라

흔히 자전거나 카메라에 푹 빠진 사람하고는 결혼하지 말라는 소리가 있을 정도로 자전거와 카메라를 애호하는 사람들이 그것들에 쏟아붓는 에너지와 비용은 만만치 않다. 솔직히 나도 지난 27년 동안 카메라와 렌즈를 장만하는 데 적잖은 돈을 지출했다. 하지만 아주 비싼 고급 카메라를 구매한 적은 한 번도 없다. 욕심이 없어서가 아니라 형편이 충분치 못했다는 것이 더 맞는 표현일 것이다.

예전에 필름 카메라를 사용하던 시절에 사진 좀 찍는다는 사람들 사이에서는 독일의 라이카 카메라를 최고로 쳐주는 분위기가 있었다. 보급기나 중급기 분야에서는 일제 카메라들이 강세를 보였지만 고급 기종으로 가면 독일의 라이카와 핫셀블라드의 위상이 압도적이었다. 고 퀄리티 사진의 핵심은 렌즈에 달려 있다고 할 수 있는데, 일제 카메라 렌즈는 공장에서 대량으로 생산하던 반면 라이카 카메라 렌즈는 광학 산업의 메카라고 할 수 있는 독일의 장인들이 유리

곡면을 일일이 손으로 깎아서 만들었다. 그만큼 독일 카메라 렌즈의 성능과 자부심이 특별했다.

하지만 라이카 카메라는 명성에 걸맞게 본체와 렌즈 모두 매우 비쌌다. 라이카 카메라를 대표하는 M 시리즈와 R 시리즈는 한 대 가격이 5-6백만 원이 넘었고, 렌즈 역시 어지간한 월급쟁이는 함부로 쳐다볼 수 없는 가격대였다. 카메라 본체와 렌즈 한 개 갖추는 데도 천만 원이 훌쩍 넘게 들어갔다. 내 형편에서는 꿈도 꿀 수 없는 가격이었다. 나는 본시 오르지 못할 나무는 아예 처음부터 쳐다보지도 않는 스타일이어서 내 경제력으로는 지나치게 벅찬 상대였던 라이카 카메라를 마음에 담아두지 않았다.

내 지인 중에서는 라이카 카메라를 쓰던 사람이 딱 한 명 있었다. 나를 처음 카메라의 세계로 안내했던, 아마추어 사진작가 장로님이었다. 그의 조언과 소개로, 나는 1994년 4월 14일에 처음 카메라를 구입했다. 그는 나를 만날 때마다 대화의 거의 모든 분량을 자신의 라이카 카메라 자랑에 할애했다. 그의 지론에 따르면, 라이카 렌즈에 비하면 일제 카메라 렌즈는 잡동사니에 불과했다. 그만큼 그의 라이카 사랑은 특별했다. 2001년인가, 한번은 그 장로님이 나를 자기 집으로 데려가 자신이 그동안 라이카 카메라로 찍은 필름을 슬라이드로 전환한 것을 환등기에 넣어 스크린에 하나씩 비춰가며 한껏 자랑한 적도 있다. 그는 라이카로 찍으면 색감이 근본적으로 다르다고,

입에 침이 마르도록 강조했다. 확실히 라이카로 찍은 강렬한 색감의 사진들을 실제로 보니, 나도 입에 침이 살짝 고이긴 했으나 어차피 못 먹을 떡이었다. 그냥 입맛만 다실 수밖에 없었다.

그 일이 있고 일 년 후에 그 장로님이 한번 만나자는 연락을 주셨다. 어느 커피숍에서 만나 이야기를 들어보니, 장로님 부인의 건강이 몹시 안 좋았다. 상당히 심각한 상태였다. 육체적인 문제뿐 아니라 마음의 병도 깊었다. 그래서 다시 그 집을 방문하여 부인 권사님을 위해 간절히 안수기도를 했다. 이후 하나님께서 우리의 기도를 들으시고 긍휼을 베풀어주셔서 권사님의 건강이 확연히 좋아졌다. 참으로 감사한 일이었다. 나는 내가 해야 할 소임을 완수했으니 그 일은 까맣게 잊었다.

그런데 어느 날 장로님이 라이카 카메라 한 대를 고이 챙겨서 나를 찾아왔다. 일전에 기도를 해줘서 아내의 건강이 회복되었는데도 자기가 경제적으로 넉넉지 못해 따로 성의를 표할 방법이 없어 계속 혼자 고민하던 차에 애지중지하는 라이카로 고마운 마음을 대신하고 싶다는 것이었다. 드디어 나에게도 라이카 카메라를 손에 쥘 기회가 온 것이다. 이런 고마울 데가 어디 있을까 싶었다.

나는 냉큼 장로님 손에 있는 라이카를 건네받으면서 이렇게 말했다.

"장로님, 주신 라이카 카메라는 감사히 잘 받겠습니다. 이제부터

이 카메라는 제 것입니다. 그리고 저도 장로님께 라이카를 하나 선물해드리고 싶습니다. 제 라이카 카메라를 장로님께 드리는 것이므로 절대 사양하지 마시고 어서 받아주세요."

그리고 곧바로 카메라를 돌려 드렸다. 나는 그 장로님의 인생에서 라이카 카메라가 갖는 의미를 잘 알고 있었다. 그 카메라는 장로님이 평생을 공장과 시장에서 육체노동자로 일하며 한 푼 두 푼 아끼고 또 아껴서 산 자기 분신과 같은 것이었다. 어찌 보면 그의 삶의 유일한 낙이라고는 휴일에 라이카 카메라를 어깨에 걸쳐 메고 출사 다니는 것이었는지도 모른다. 그걸 내가 빼앗을 수는 없는 노릇이었다. 하지만 어쨌거나 그 일 덕분에 나도 내 인생에서 딱 3초 동안 라이카 카메라를 소유했던 적이 있다.

고생과 수고가 다 지난 후

2003년부터 2005년까지 나는 평촌에 살면서 서울-과천-안양-수원 등지에 살던 교우들과 함께 교회를 개척하여 섬기고 있었다. 2005년 11월 10일이었다. 아침 6시쯤 일산에 사는 동생에게서 급히 전화가 왔다. 수화기 너머로 들리는 동생의 목소리가 침통했다. "형, 아버지가 뇌출혈로 쓰러지셨어." 이게 무슨 청천벽력 같은 소리인가 싶었다. 온몸의 피가 거꾸로 흐르는 느낌이었다. 정신이 아득했다. 그때 내 마음속에서 다음과 같은 찬송 소리가 울려 퍼졌다.

고생과 수고가 다 지난 후 광명한 천국에 편히 쉴 때
주님을 모시고 나 살리니 영원히 빛나는 영광일세
영광일세 영광일세 내가 누릴 영광일세
은혜로 주 얼굴 뵈옵나니 지극한 영광 내 영광일세

찬송가 가사 내용만 생각하면 불길한 느낌이 들었지만 애써 무시하고 간신히 마음을 추스른 다음 아버지가 실려가신 서울 이대목동병원으로 달려갔다. 서울로 차를 모는 내내 "하나님, 제발 우리 아버지 살려주세요"라는 기도를 주문처럼 수없이 반복했다.

아버지는 쓰러지기 직전 15일간 완전 금식기도를 한 상태였다. 완전 금식기도란 작정 기도 기간 중 물만 먹고 음식은 일절 금하는 것을 뜻한다. 그때 아버지의 나이가 67세였으니 그 나이에 15일간 물만 먹으며 기도하기가 절대 쉽지 않았을 것이다. 그렇게 15일 동안 금식기도를 한 후 새벽기도를 인도하러 가다 찬바람을 맞아 교회 인근에서 쓰러지신 것이다. 아버지는 오랫동안 고혈압으로 고생하며 혈압약을 복용했는데 금식기도 기간이라 약을 중단한 것이 화근이라면 화근이었다. (11월 10일 새벽에 쓰러진 아버지는 11월 28일 하늘나라로 떠나실 때까지 결국 단 한 번도 깨어나지 못하셨다.)

출근길 교통 체증을 뚫고 병원에 도착해보니 아버지는 수술 중이었다. 병원 측 설명으로는 환자가 너무 늦게 발견되어 소생하기 어렵다고 했다. 오늘 중으로 돌아가실 수 있으니 장례 준비를 하는 것이 좋겠다는 말도 덧붙였다. 나는 그 자리에서 머리를 쥐어뜯었다. 이렇게 허망하게 아버지를 보낼 수는 없었다. 평생을 고생만 하신 아버지를 효도 한 번 제대로 못하고 보내야 한다고 생각하자 절로 피눈물이 흘렀다.

의사의 경고와 달리 아버지는 곧바로 떠나지는 않으셨다. 11월 10일 오전에 수술을 마친 아버지는 28일까지 중환자실에 누워 계셨다. 비록 의식은 없었지만 자가 호흡으로 버티셨다. 그때 나는 어떻게 해서든지 아버지를 '기도'로 건강하게 일으켜 세우리라고 다짐하고 또 다짐했다. 『지렁이의 기도』에도 간단히 적었지만 1999년에 강렬한 은사 체험을 한 이후로 나는 기도를 통해 하나님께서 별의별 불치병 환자를 깨끗하게 고쳐주시는 것을 목도한 경험이 아주 많았다. 그래서 내가 열심히 기도하면 분명 하나님께서 우리 아버지도 기적적으로 깨어나게 해주실 것이라고 믿어 의심치 않았다.

11월 10일부터 28일까지 나는 이대목동병원에 상주하면서 하나님께 '우리 아버지를 살려달라'고 떼를 쓰다시피 매달렸다. 매일 점심과 저녁에 두 번 허용되는 면회 시간 외에도 온종일 중환자실 앞을 떠나지 않고 오로지 기도에만 전념했다. 아버지가 누워 있는 중환자실 벽에 손을 대고 기도하기도 하고, 중환자실 출입문에 손을 대고 기도하기도 했다. '예수의 이름'과 '예수의 능력'을 수없이 부르며 기도했다. 그것만으로는 부족해서 저녁이 되면 교회로 달려가 철야기도를 했다. 아버지를 살려달라고 울며불며 매달렸다. 하지만 결국 기적은 일어나지 않았다.

그렇게 19일을 보냈다. 내 몰골도 말이 아니었다. 하지만 반드시 아버지를 살려야겠다는 일념이 워낙 강했던 나머지 힘들다는 생각을 할 겨를도 없었다. 그런데 11월 28일 이른 아침, 부산에 사는 누나뻘 되는 전도사님으로부터 전화가 왔다. 어려서부터 가족처럼 가까이 지내는 분이었다. 전도사님이 어렵게 말을 꺼냈다.

"김 목사님, 간밤에 아버님이 꿈에 나타나셨어요. 아버님이 제게 김 목사님께 꼭 전해달라고 하셔서 전화를 드렸어요. 아버님 말씀이, '속히 하나님께 가야 하는데 우리 요한이가 붙들고 안 놔줘서 못 가고 있으니 이제 그만 놔달라'고 전해달라고 하셨어요."

그 말을 듣는데 다리 힘이 쭉 빠졌다. 아, 이 문제는 기도로 풀 수 있는 게 아니구나 싶었다. 몹시 비통했지만 어쩔 수 없었다. 힘들어도 마음을 정리해야만 했다. 내가 마음을 비운 지 몇 시간이 안 되어 아버지가 세상을 떠나셨다. 장례 일정은 순적하게 잘 진행되었고, 아버지의 관을 묻던 날 나는 땅바닥에 털퍼덕 주저앉아 대성통곡을 했다. 원래 부모님이 돌아가시면 불효자가 제일 서럽게 우는 법이다.

주중에는 교회 오지 마시오

교회에서 널리 통용되는 종교 문법 하나가 '조상들이 예수를 잘 믿으면 후손들이 (자동으로) 복을 받는다'이다. 이 말을 뒤집어서 표현하면 윗대가 예수를 안 믿거나 기독교 신앙에 적대적이었으면 아랫대의 자손들이 고초를 겪는다는 뜻이 된다. 어떻게 생각하는가? 신자들의 삶을 보면 이 말이 맞을 때도 있고 안 맞을 때도 있다. 사실 (구약)성경에도 두 가지 사상이 다 나온다. 그러니 어느 한쪽을 갖고 다른 쪽을 묵살할 수 있는 간단한 문제가 아니다.

L 집사는 재계 순위 50위 안에 드는 (기독교 기업으로 알려진) 모 기업에 다니고 있었다. 그는 대학을 졸업하고 학군장교로 군 복무를 마친 후에 사회생활을 시작하면서 전도를 받아 교회에 첫걸음을 내디뎠다. 가족 중에서 그가 처음으로 기독교 신앙에 귀의한 셈이다. 그는 소위 지방대학 출신이었다. 외모가 그리 출중한 것도 아니었다. 여러모로 한국사회에서 직장 생활을 하면서 승승장구할 만한 경쟁력

(?)이 높은 사람은 아니었다.

하지만 의외로 그는 자신의 직장에서 최고 경영자와 상사들로부터 큰 인정을 받았다. 동기 중에서 과장, 차장 진급이 제일 빨랐다. 삼십 대 초반의 나이에 회사의 중요한 직무를 수행하는 자리에 발탁되기도 했다. 그 비결이 무엇이었을까? 조상들이 예수를 잘 믿어야 후손이 복을 받는다는 논리에 비춰보면 그는 전혀 해당사항이 없었다. 서울 소재 좋은 대학을 나와야 승진이 유리하다는 통념에 비춰봐도 그와는 상관이 없었다. 나는 인간적으로 보면 별 특기사항을 갖추지 못한 그가 자신보다 스펙이 훨씬 더 좋은 사람들 가운데서 가장 승진이 빠른 이유를 찾을 수가 없었다.

그런데 어느 날 내 나름대로 그 이유를 알아냈다. 내가 목회를 할 당시 매월 첫째 주간은 한 주일 동안 저녁마다 전 교인이 모여서 기도회를 가졌다. 그때 L 집사가 기도하는 모습을 보았는데 그 장면만으로도 가슴이 뭉클했다. 그는 필사적인 힘을 다하여 이렇게 부르짖고 있었다.

"하나님, 저는 아무런 빽도 없고 가진 것도 없습니다. 저를 위해서 기도해줄 부모, 형제도 없습니다. 저는 집안에서 혼자 예수를 믿는 사람입니다. 영적으로 보면 고아 같은 사람입니다. 그러므로 하나님이 안 도와주시면 저는 아무 데도 기댈 곳이 없습니다. 제발 불쌍히 여기시고 저 좀 도와주십시오."

그가 얼마나 애절하게 기도를 하는지, 예수님이 겟세마네 동산에서 최후의 기도를 올릴 때 흡사 저런 모습이 아니었을까 싶을 정도였다. 그리고 저 정도로 간절히 기도하면 내가 하나님이라도 안 들어주고는 못 배기겠다 싶었다. 그는 단순히 기도를 하는 게 아니라 마치 사투를 벌이는 것 같았다.

그래서였을까? 아니면 다른 어떤 이유가 있었을까? 지방대학 출신인 그는 소위 쟁쟁한 SKY 출신들을 제치고 언제나 가장 빠른 속도로 승진을 거듭했다.

한번은 수요 리더 성경공부 모임에서 그가 자랑스럽게 말을 꺼냈다. "오늘 회장님이 저를 부르시더니 '이제부터 네가 구매총괄본부장을 맡아라'라고 하셨는데 제가 그 자리에서 바로 정중하게 거절했습니다." 내가 깜짝 놀라서 "왜요?" 하고 물으니 그 대답이 걸작이었다. "본부장을 맡으면 너무 바빠져서 주중 성경공부 모임이나 기도회에 참석할 수가 없습니다. 저는 회사생활도 중요하지만 그보다 교회에서 열심히 봉사하는 것이 더 좋습니다." 솔직히 어이가 없었다. 보통은 목사님들이 이런 경우에 그런 결단을 내린 신자들의 믿음을 높이 평가하는 경향이 있다지만 나는 생각이 달랐다. 그래서 내가 말을 받아 한마디 했다.

"집사님, 내가 집사님의 교회 봉사를 대폭 줄여줄 테니까 앞으로는 주일에만 열심히 섬기시고 주중에는 교회에 오지 마세요. 진심으로 하는 말입니다. 그리고 내일 출근하면 당장 회장님한테 찾아가서 '제가 생각이 짧았습니다. 한번 믿고 맡겨주시면 구매총괄본부장 일을 잘 감당하도록 하겠습니다'라고 하세요. 기독교인이 교회 생활 열심히 하는 것보다 더 중요한 것이 회사 생활을 잘하는 것입니다."

그는 다음날 출근하자마자 회장님을 찾아뵙고 구매총괄본부장 자리를 맡기로 했다.

교회 생활에서 두각을 나타내는 그리스도인들은 많지만 사회생활을 통해 소금과 빛의 역할을 감당하는 신자들은 그리 많지 않다. 이것은 그냥 넘겨짚어서 하는 말이 아니라 내가 실제로 사회생활을 하면서 숱하게 봤던 문제이기도 하다. 교회에서는 목사에게 인정받고 칭찬받을지 모르나 회사에서는 주변 동료들을 괴롭게 만드는 신자들이 얼마나 많은가! 교회에서는 유능할지 모르나 회사에서는 조직에 손해를 끼치는 신자들은 또 얼마나 많은가! 사회에서 경쟁력이 떨어지다 보니 부득이 일주일 내내 예배당 언저리를 맴돌며 '봉사'라는 허울 아래 교회 일에 간섭하고 참견하는 신자들은 또 얼마나 많은가! 우리 모두 가슴에 손을 얹고 생각해볼 일이다.

힘들 텐데, 그래도 하겠니?

내가 혹시 여력이 되면 출판사를 세워서 한국교회를 섬겨야겠다는 마음을 막연하게나마 처음 품었던 때는 2003년 무렵이다. 당시 나는 한국 개신교의 출판문화 내지 경향에 대해 상당한 문제의식을 가지고 있었다. 내가 생각하기에, 한국 개신교가 건강하지 못한 결정적인 이유는 기복신앙과 번영신학 위주의 설교가 강단을 지배하고 있기 때문이었고, 그런 설교가 독버섯처럼 활개를 칠 수 있는 데는 신앙을 빙자하여 인간의 욕망을 자극하는 간증집 혹은 자기계발 유의 서적이 시장을 장악하고 있는 출판문화가 기저에 있었다. 그래서 한국교회를 갱신하려면 먼저 출판문화를 개혁해야 한다고 생각했다. 또한 건강하고 건전한 설교가 강단에서 울려 퍼지려면 반드시 이를 뒷받침할 수 있는 좋은 신학 서적의 출판이 필수라고 봤다.

혼자 그런 고민을 가슴에 품고 있다가 2007년이 되자 더 이상 그 생각을 미룰 수 없다는 결심이 섰다. 여기에는 『긍정의 힘』이나

『야베스의 기도』, 심지어 『시크릿』 같은 반(反)기독교적인 책들이 기독교인들 사이에서 초베스트셀러가 되는 것을 계속 방치하다가는 자칫 한국교회가 이교 집단이 될 수도 있겠다는 절박함이 작용했다. 따라서 2008년이 시작하기 무섭게 그 문제를 놓고 작정기도를 시작했다. 매일 저녁 시간을 정해놓고 예배당 설교단 앞에 혼자 엎드려 간절히 다음과 같은 기도를 드렸다.

"하나님, 제가 깊이 있는 신학 서적들을 펴내는 출판사를 세우려고 합니다. 그리고 이를 통해 한국교회를 섬기며 한국의 신학을 발전시키고자 합니다. 좋은 책을 만들어 보급함으로써 건강한 복음주의 신앙을 확산시키고, 세속의 비성경적인 이데올로기와 맞서 싸우며 기독교적인 세계관을 보급하고자 합니다. 다음 세대를 위해 교회의 지적 유산을 체계적으로 남겨주려 합니다. 제가 출판사를 잘 세울 수 있도록 허락해주시고 도와주십시오."

그런데 아무리 기도를 드려도 별 응답이 없었다. 솔직히 나는 이런 좋은 뜻으로 출판사를 시작한다고 하면 하나님께서 흡족해하시면서 "네가 참 기특한 생각을 했구나. 그래 내가 적극적으로 도와줄 테니 아무 걱정하지 말고 당장 시작하도록 하여라"라고 선뜻 말씀하실 줄 알았다. 하지만 하나님은 별다른 말씀이 없으셨다. 나는 약간 초

조한 마음이 들었다. 하지만 꽤 여러 해 동안 마음에 벼린 칼을 그냥 집어넣을 수는 없었다. 한국교회를 살리려면 기필코 신학 서적을 전문으로 만드는 출판사가 있어야만 했다. 그런 절박함을 가지고 계속 기도에 집중했다. 어느 날 기도 중에 하나님께서 내게 물으셨다.

"힘들 텐데, 그래도 하겠니?"

이것이 내가 출판사 설립과 관련하여 하나님께 들었던 처음이자 그리고 한동안 마지막이었던 말씀이다.

그때 나는 '까짓거 힘들면 얼마나 힘들겠어?'라는 생각을 했다. 힘든 걸 견디는 것은 누구보다 자신 있었다. 내 나이 삼십 대 10년간 7번에 걸친 교회 건축을 하면서도 힘들어서 못해 먹겠다는 생각을 해본 적이 없었다. 그에 비하면 출판사 운영은 식은 죽 먹기처럼 보였다. 그래서 하나님께 이렇게 말씀드렸다.

"하나님, 힘든 건 전혀 문제가 안 됩니다. 이 일이 하나님께서 기뻐하시는 일이기만 하면 됩니다."

하나님은 내게 신학 전문 서적을 만드는 일이 당신께서 기뻐하는 일이라는 마음을 주셨다. 그렇게 해서 문화체육관광부에 새물결플러스 설립을 신청했고, 8월 20일에 설립 허가를 받았다. 6년 동안 마음에 고이 간직하고 있던 꿈이 현실 세계에 착근하는 순간이었다.

나는 애초에 한국 개신교의 여러 정황을 고려할 때 신학 서적을 만드는 데 연간 1억 정도의 적자가 날 것으로 예상했다. (출판계에 종사하는 분들로부터 신간이 2천 부 팔리면 본전이라는 말을 들었던 바가 있어) 한국 개신교에 15만 명 이상의 목회자와 신학생들이 있다고 가정하고, 그중 1%인 1,500명만 신학책을 사주면 나머지 500명분의 적자는 교회가 헌금으로 충분히 메꿀 수 있다고 본 것이다. 하지만 이런 나의 순진무구한 가정은 첫 책부터 가차 없이 박살났다. 한국교회의 목회자들이 신학책을 멀리하는 현실은 훨씬 더 처참했다. 두꺼운 신학 서적을 한 권 번역해서 출판할 때마다 5천만 원 이상이 공중으로 소리 없이 사라졌다. 그 결과 새물결플러스는 설립 초기 3년 동안 무려 10억 가까운 적자를 봤다. 그것이 진짜 현실이었다. 그때 마치 내 인생에 헬게이트가 열린 것만 같았다.

아, 행복하다

문화체육관광부에 출판사 설립 신고서를 제출한 직후 나는 미국 LA로 날아갔다. 풀러 신학교에서 신약학을 가르치고 계시던 김세윤 교수님과 마침 그곳 강당을 빌려 교회를 개척한 고(故) 이정석 목사님께 출판사 설립 사실을 알리고 조언을 받기 위해서였다.

이정석 목사님은 1988년부터 한 가족처럼 지냈던 분이다. 이 목사님은 네덜란드 자유대학교에서 '칼 바르트의 성화론' 연구로 박사학위를 받고 한국에서 가르치다가 도미하여 풀러 신학교의 조직신학 교수로 재직하던 중 사임하고 막 교회를 개척한 상태였다. 내가 미국에 도착하자 목사님은 일부러 시간을 내서 자이언 내셔널 파크와 그랜드캐니언을 관광시켜주었다. 그때 이 목사님은 하필 얼마 전부터 가슴에 담이 와서 상체가 불편한 관계로 운전을 못해 미안하다며 내게 자동차 핸들을 맡겼다. 덕분에 나는 첫 미국 여행을 내 손으로 직접 운전하며 이 목사님 내외분과 함께 할 수 있었다. 서부영화에서나 봤던 유타와 애리조나의 황토색 평원을 통과하며 마주쳤던 석양의 황금빛 풍광은 지금도 눈에 선하다.

그랜드캐니언 여행을 다녀온 지 이틀 후 풀러 신학교 강당에서 열린 '나성연합한인교회' 예배에 참석했다. 개척한 지 한 달밖에 안 되어서 사람이 썩 많지는 않았다. 예배 시작 전에 이 목사님이 나를 데리고 한 바퀴 돌면서 교인들을 한 명씩 소개해주었다. 목사님은 "하나님께서 참 좋은 성도들을 개척 동역자로 보내주셨다"고 기쁘게 말했다. 그리고 나에게 예배 대표 기도를 부탁하셨다. 얼떨결에 대표 기도를 부탁받고 맨 앞자리에 앉아 무슨 기도를 할지 생각을 정리하려는 순간, 성령님께서 내게 "이 교회가 얼마 못 가 문을 닫을 것이다"라는 말씀을 주셨다. 그리고 회중석에 앉아 있는 몇몇 집사들을 가리키면서 "저 사람들 때문에 교회가 오래 못 갈 것이다"라고 하셨다. 나는 소스라치게 놀랐다. 이정석 목사님이 신학교 교수직을 내려놓고 교회를 개척한 것은 미주 한인교회들이 안고 있는 여러 문화적·구조적 약점을 극복하고 건강한 교회의 모델을 제시하고픈 사명감 때문이었다는 것을 누구보다 나 자신이 잘 알고 있었기 때문이다. 더욱이 성령님이 구체적으로 지목한 사람들은, 다름 아닌 예배 시작 전에 이 목사님이 "하나님께서 참 좋은 동역자를 보내주셨다"라고 자랑하던 바로 그들이었다. 그런데 이제 막 첫걸음을 뗀 교회가 얼마 후 문을 닫을 것이라니, 충격적이었다. 하지만 나는 그 사실을 결코 말할 수 없었다. 그저 내가 성령님의 음성을 잘못 들었기만을 바라야 했다.

그다음 주간에 나는 서울로 돌아왔다. 출판사 설립 허가증을 수령했고, 본격적으로 출판사를 가동하기 위해 분주한 나날을 보냈다. 목회와 출판사 운영뿐 아니라 연세대학교에서 대학원 공부를 하던 때였으므로 눈코 뜰 새 없이 바빴다. 그렇게 몇 달이 훌쩍 흘러갔다. 12월 초순에 모르는 번호로 핸드폰에 전화가 왔다. 처음에는 낯선 번호라 일부러 안 받았는데 계속 같은 전화번호로 벨이 울렸다. 할 수 없이 수화기를 열자 전화를 건 주인공은 뜻밖에도 이정석 목사님이었다. "어, 목사님, 미국에 계셔야 하는 것 아닌가요? 왜 한국 전화번호가 뜨는 거죠?" 내가 놀라서 물으니, 목사님이 얼마 전에 귀국했다며 하루빨리 만나자고 하셨다. 만나서 자초지종을 들어보니, 개척 멤버들이 문제를 일으켜서 부득이 교회 문을 닫을 수밖에 없었고, 그 일로 낙심해 있는데 때마침 한국의 국제신학대학원대학교에서 부총장 자리를 제안하여 서둘러 귀국했다는 것이다. 그 이야기를 들으면서 나는 지난여름에 풀러 신학교 강당에서 들었던 성령님의 메시지를 떠올렸다. 하지만 그 부분에 대해서는 아무런 이야기를 하지 않았다.

2009년이 시작되었다. 2월 어느 날 이정석 목사님 사모님이 전화를 주셨다. 혹시 시간이 되면 저녁에 집에 잠깐 들를 수 있겠냐고 하셨다. 저녁 9시쯤 방문하니, 두 분이 반갑게 맞아주었다. 사모님이 간단한 다과를 내왔다. 여느 때와 달리 그날은 사모님이 먼저 이야기를 꺼내셨다. "김 목사님, 오늘 뵙자고 한 건 최근에 저희가 좀 힘든 일이 있어서예요. 실은 남편이 지난 몇 달간 계속 가슴이 아팠던 관계로 혹시 몰라 최근 삼성서울병원에 가서 검사를 받았는데 의사 말이 간암 말기, 대장암 말기라는 거예요. 그래서 서울대학교병원과 세브란스에 가서 다시 검사를 받았는데 역시 똑같은 말을 하더라고요. 의사들 말로는 앞으로 길어야 두 달을 못 넘길 것이라고 해요. 아무래도 이 문제를 김 목사님께 제일 먼저 말씀 드려야 할 것 같아서 오늘 뵙자고 한 거예요."

하늘이 컴컴해지는 것 같았다. 당시 이정석 목사님은 아직 예순도 안 되었고, 한국교회를 위해서 할 일이 너무도 많은 학자였다. 나도 모르게 그 자리에서 큰 소리로 서럽게 울어버렸다. 내 울음이 그치기를 기다렸다가 이번에는 이 목사님이 입을 열었다. "기왕지사 이렇게 된 것, 내가 곰곰이 생각을 해봤네. 어차피 병원에서 승산이 없다는데도 굳이 무리해서 수술을 받고 또 항암 치료를 한답시고 병상에 누워 고통스럽게 죽어갈 수는 없는 노릇이네. 그것보다는 죽을 때 죽더라도 목사답게, 신학자답게 마지막 순간까지 하나님의 말씀을 가르치다가 깨끗이 죽겠네." 이 목사님이 계속 말을 이었다. "내가 말기암 환자라는 사실은 김 목사 자네한테만 이야기하는 것이니 다른 사람에게는 절대 말하면 안 되네. 아직 우리 아이들한테도, 학교에도 일절 말하지 않았네. 따라서 오직 자네 한 사람만 알고 있어야 하네." 나는 그렇게 하겠다고 굳게 약속했다.

이 목사님은 몸 상태가 심각한 것을 알아버린 이상 아예 치료 자체를 안 받겠다고 하셨다. 심지어 병원에서 받아온 약도 먹지 않겠다고 했다. 이미 마음으로 모든 것을 다 정리한 듯싶었다. 그때 성령님께서 내게 말씀을 주셨다.

"빨리 안 죽을 것이니 너무 낙심하지 말아라."

나는 이번에는 용기를 내서 그 말씀을 이 목사님 내외분께 전했다. 소위 정통개혁주의 신학을 공부한 이정석 목사님은 평소에 내가 "하나님의 말씀을 들었다"고 하면 굳은 표정으로 화를 버럭 내면서 "쓸데없는 소리 하지 말라"고 야단을 치곤 했다. 그런데 그날은 조용히 내 말을 듣고 계셨다.

서울대학교병원, 삼성서울병원, 연세대학교 세브란스병원에서 모두 두 달을 못 넘길 것이라고 단언했고, 그래서 이 목사님은 일체의 치료를 포기했음에도 불구하고 그 후 26개월을 더 사셨다. 그 기간 동안 나는 정기적으로 목사님을 찾아뵙고 서울 근교의 근사한 음식점에 모시고 가서 식사를 대접하거나 말벗이 되어 드렸다. 한번은 산책할 때 기분 전환용으로 써보시라고 일제 니콘 카메라와 렌즈를 사다 드린 적이 있는데, 평소 같으면 "돈도 없으면서 뭘 이런 걸 사왔냐"고 타박하며 절대로 안 받으실 목사님이 순순히 카메라를 챙기면서 고맙다고 하셨다. 2011년 봄에 목사님은 어떡하든 건강을 회복해서 큰아들의 결혼식에 참석하려는 일념으로 용기를 내어 세브란스에서 암 발견 이래 첫 방사선 치료를 받은 후 더는 눈을 뜨지 못하셨다. 이 목사님이 떠나시던 날 침상에서 마지막으로 남긴 말씀은 "아, 행복하다! 아, 행복하다!"였다. 이미 의식을 상실한 가운데서도 목사님은 어떤 아름답고 신비로운 장면을 보는 것처럼 계속 행복하다고 고백한 후 우리 곁을 떠나셨다.

유가족들은 내게 이 목사님의 입관 예배를 부탁하였다. 나는 기라성같은 선배, 동료 학자들이 즐비한데 나이가 어린 내가 감히 입관 예배를 집전할 수 없다고 손사래를 쳤지만, "우리 목사님이 살아 계셨어도 김 목사님께 장례 예배를 부탁하셨을 거예요"라는 사모님의 말씀에 더 이상 거절하지 못하고 입관 예배를 집전했다. 그 전날 이 목사님의 잔뜩 부어오른 얼굴을 본 나는—그동안의 수많은 입관 경험에 비춰 시신이 단 하루 만에도 상당히 부패가 빠를 수 있다는 것 때문에—내심 걱정을 많이 하였으나 막상 입관실에 들어가 이 목사님의 얼굴을 보니 하루 사이에 모든 부기가 다 빠지고 평소 내가 알던 온화한 모습 그대로였다.

말씀의 주인과 함께 계시다

내가 2006년에서 2012년까지 새물결교회를 목회할 때 가장 역점을 두었던 것 하나는 '성경 통독'이었다. 당시 교인들에게 1년에 신구약 성경을 최소 5독 이상 할 것을 강력하게 요구했다. 좀 더 솔직히 말하면, 1년에 성경을 5독 이상 못하면 교인 취급을 안 하겠다고 공갈(?)을 치곤 했다. 그 결과 교인들 사이에서 성경 읽기 붐이 일어났다. 한 해는 성경을 가장 많이 읽은 교인이 1년에 28독을 하기도 했고, 20독 이상도 여럿 나왔다. 10독 이상은 수두룩했다. 그때 매 주일 오후 시간을 이용하여 2시간씩 전체 성인 교인들을 상대로 신구약성경 66권을 차례대로 강의했는데, 그 강의안이 훗날 『바이블클래스』의 모판이 되었다.

내 지론은 단순하고 명료했다. 천국에 가기 전에 자기 나이만큼 성경을 통독하자고 반복해서 강조했다. 그러다 보니 자연히 연세 드신 성도들의 발등에 불이 떨어졌다. 그동안 수십 년씩 신앙생활을 했어도 성경을 완독한 경험이 일천한데 갑자기 자기 나이만큼 성경을 읽으라니 얼마나 끔찍한가! 그 요구를 맞추려면 텔레비전을 볼 시간도 없고, 경로당에 가서 잡담할 겨를도 없었다. 먹고, 자고, 일하는 시간 외의 남는 시간은 모두 성경 읽기에 쏟아야 했다. 그렇게 몇 년간 온 교회가 말씀에 푹 잠겨 지냈다. 그 에너지가 바탕이 되어, 서울에서 가장 가난한 동네라고 할 수 있는 신월동에 위치한 작은 교회에서 평범한 신자들이 의기투합하여 헌금한 돈을 바탕으로 한국교회 전체를 섬기는 신학 서적 전문 출판사가 탄생할 수 있었다.

원로 장로였던 L 장로님도 본인 나이만큼 성경을 읽기 위해 젖먹던 힘까지 쏟아부은 분이다. 한번은 서울 시내에 나갔다가 5호선 지하철을 타고 귀가하는데 같은 지하철 안에 L 장로님이 타고 계신 것이 눈에 띄었다. 반가운 마음에 가까이 다가가 인사를 드리려는데 장로님이 경로석에 앉아 무언가를 뚫어지게 보고 계셨다. 자세히 보니 성경을 읽고 계신 중이었다. 나는 조용히 자리를 피해드렸다. 이렇듯 지하철을 타고 이동하는 순간에도 손에서 성경을 놓지 않은 덕분에 L 장로님은 최소 한 달에 한 번씩 신구약성경을 통독하셨다. 대단한 절제와 노력이 아니면 쉽지 않은 일이었다.

나중에 L 장로님이 위암으로 돌아가신 후 장례예배를 집전하면서 나는 몇 년 전 지하철에서 목격했던 그 장면을 거론하며 이렇게 말했다.

"살아생전 하나님의 말씀을 손에서 놓지 않고 사랑했던 장로님이 지금은 천국에서 그 말씀의 본체요 주인이신 분과 마주 앉아 서로 사랑을 나누고 계십니다."

제가 죄인이라는 사실을 알았습니다

내 고등학교 시절의 한문 선생님은 낚시광이었다. 그는 당시로써는 노총각이라고 할 수 있는 삼십 대 중반에야 뒤늦게 결혼에 성공했는데 결혼식 다음 날도 낚시를 다녀왔다고 자랑했다. 우리가 그 말을 듣고 야유를 퍼붓자, 그는 자신은 "여자 없이는 살아도 낚시 없이는 못 산다"고 능청을 떨었다.

내가 만났던 또 한 사람의 낚시 달인은 A 선생이다. 그는 한 번 낚시를 떠나면 짧게는 일주일에서 길게는 2주 가까이 큰 호수나 저수지 주변에 꼼짝도 안 하고 머물면서 조그만 트럭의 짐칸을 가득 채울 정도로 많은 물고기를 잡았다. 언젠가 그가 낚시하는 방법을 들어 보니, 주변의 물고기를 싹쓸이하는 낚시 기술도 기상천외했지만 타고난 성격 자체가 한번 시작하면 반드시 끝을 보는 타입이었다. 흔히 말하는 '독종' 스타일이었다.

그는 젊은 시절 해병대 청룡부대원으로 월남전에 참전했던 이력이 있었다. 그때 미군이 마구잡이로 살포한 고엽제를 너무 많이 맞아 그 후유증으로 평생을 극심한 고통에 시달렸다. 그런데도 늘 입만 열면 자신의 해병대 경력과 월남전 참전 이력을 자랑했다. 그에게 있어 월남전 참전은 공산주의 세력의 확산을 막고 자유민주주의를 지키려는 숭고한 행동이었으며, 자신과 동료들이 월남전에 참전한 대가로 대한민국이 미국으로부터 받은 지원이 있었기 때문에 우리나라가 가난을 극복할 수 있었다고 확신했다. 그는 자신이 애국자임을 조금도 의심하지 않았다.

그가 처음 교회에 나왔을 때 나는 속으로 적잖게 놀랐다. 내가 오랫동안 지켜본 바에 의하면 다른 사람은 몰라도 그는 결코 기독교에 귀의할 사람 같지 않았기 때문이다. 가족들이 아무리 간곡히 전도해도 그는 수십 년 동안 요지부동이었다. 가족들로부터 전해 들은 남편과 아버지로서의 그의 캐릭터는 (유독 기독교 신앙 이야기만 나오면) 워낙 완고해서 도통 전도가 될 것 같지 않았다. 그러나 자비로운 하나님께서는 그 가족들의 오랜 눈물의 기도에 응답하셔서 마침내 그의 발걸음을 교회로 인도하셨다. 그 자체가 하나의 기적이었다.

처음 교회에 나왔을 때 그의 몸은 일종의 걸어 다니는 병원이었다. 몸 전체가 하나도 성한 곳이 없을 정도로 만신창이었다. 그중에서도 혈당이 300을 훌쩍 넘는 중증 당뇨 증세와 고엽제 후유증이 가장 심각했다. 그는 지금 당장 죽어도 하등 이상할 것이 없을 정도로 여러 중병을 몸에 닥지닥지 달고 살았다. 하나같이 마치 오래된 친구처럼 이력이 깊은 병들이었다. 그렇지만 한편으로 그는 늘 유쾌하고 유머스러웠다. 건강이 허락하는 날이면 어김없이 교회에 나와서 또래의 사람들과 잘 어울렸고, 봉사도 빠지지 않았다. 그리고 반복해서 자신이 월남전에 참전했던 해병대원이었음을 주지시켰다. 비록 몸은 망가졌지만 그의 정신과 의지는 자신의 인생이 조국을 위해 몸과 마음을 다 바쳤음에 대해 조금의 타협도 허락하지 않겠다는 일념으로 번뜩였다.

그렇게 그는 여러 해에 걸쳐 교회를 출석하면서 각종 예배와 모임에 열심히 참석했고, 그사이에 세례도 받았지만, 목사로서 나는 그가 얼마나 '기독교화'되었는지에 대해서는 전적으로 확신을 못했다. 아주 가끔은 그가 만년에 너무 아프고 외로워서, 혹은 가족들을 위해서 교회에 나오는 게 아닌가 하는 마음도 들었다.

시간이 좀 더 흘러 어느 날부터 그가 느닷없이 새벽기도회에 나오기 시작했다. 처음에는 한두 번 나오다 말겠지 했는데 그게 아니었다. 그는 비가 오나 눈이 오나 꾸준히 새벽기도회에 출석했다. 그냥 새벽기도회에 참석하는 게 아니라 매일같이 얼마나 애절하게 울면서 기도를 하는지, 곁에서 지켜보기가 안쓰러웠다. 나는 속으로 '저분이 요즘 몸이 얼마나 아프면 저렇게 서럽게 울면서 기도를 할까'라는 생각을 했다. 그냥 지켜만 볼 수 없어 하루는 그가 기도를 다

마칠 때까지 기다렸다가 담임 목사 사무실로 함께 가서 "요즘 많이 힘드신가 봐요? 제가 안수기도를 해드릴까요?"라고 물었다. 그랬더니 전혀 예상치 못했던 대답이 돌아왔다.

"목사님, 제가 요새 새벽기도회에 나와 울면서 기도를 드리는 것은 제 몸이 아파서 그러는 게 아닙니다. 목사님도 잘 알다시피 제가 젊은 날 월남에 가서 조국과 자유민주주의를 위해 싸운 것에 대해 평생토록 대단한 자부심을 갖고 살지 않았습니까? 그런데 교회에 다니며 성경을 읽고 설교를 듣다 보니 어느 순간부터 '아, 내가 젊은 날 애국과 이념을 빙자해서 사람을 죽인 죄인이구나' 싶은 깨달음이 들었습니다. 그래서 양심에 가책이 되어 견딜 수가 없어 매일 새벽마다 하나님께 회개하는 중입니다. 그런데 일단 한 번 회개를 시작하니 그 외에도 어찌나 회개할 것이 많이 생각나는지 도저히 눈물을 멈출 수가 없습니다."

그 말을 듣는 내 뺨에서도 뜨거운 물줄기가 주르르 흘렀다. 나는 그의 손을 말없이 붙잡고 한참을 함께 울었다. 실은 그는 내가 생각했던 것보다 훨씬 더 좋은 그리스도인이 되어 있었다.

비염에서 해방되다

나는 1982년부터 2020년 현재까지 프로야구 LG 트윈스의 팬이다. 더 정확히 말하자면 1982년부터 1989년까지는 (LG 트윈스의 전신인) MBC 청룡 팬이었고, 1990년부터 현재까지는 LG 트윈스를 응원하고 있다.

LG 트윈스는 잠실야구장을 함께 쓰는 두산 베어스가 '어우두'(어차피 우승은 두산)라는 신조어를 유행시킬 만큼 해마다 좋은 성적을 내는 데 반해 '꼴쥐', '칠쥐', '탈쥐 효과'라는 오명을 뒤집어쓸 정도로 긴 암흑기를 보냈다. 다행히 최근에는 전력이 좋아져서 우승을 노려볼 만하다는 기대를 품게 했으나 올해도 결국 두산의 벽을 넘지 못하고 4위로 시즌을 마쳤다.

LG 트윈스 팬들 입장에서는 우승도 우승이지만 서울 라이벌(?)인 두산을 넘어서는 게 꿈이라고 할 수 있다. LG 구단도 그런 사실을 잘 알고 있는지 2018 시즌부터는 두산 출신의 김현수 선수를 100억 이상의 돈을 주고 데려오기까지 했다. 김현수가 LG로 온 다음부터 LG의 팀 문화가 바뀌었다는 긍정적인 평가가 대부분이고, 타격 기계라는 별명답게 김현수 선수 본인도 해마다 좋은 성적을 냈다. 하지만 이상하리만큼 유독 '가을야구' 시즌만 되면 김현수의 방망이가 맥을 못 추는 현상이 반복되었고 올해도 예외가 아니었다. LG 팬들 입장에서는 야속한 일이 아닐 수 없다. 한편 어느 야구 해설자는 김현수가 가을만 되면 부진한 이유를 거론하면서 제일 먼저 "비염도 있고"라는 말을 하기도 했다. 텔레비전으로 야구중계 방송을 시청하던 나는 그 말을 듣고 혼자 '빙그레' 웃었다.

비염이 얼마나 괴로운 병인지는 비염으로 고생해본 사람만이 알 수 있다. 나도 2001년부터 2011년까지 10년의 세월 동안 극심한 비염 증세로 호되게 고생을 했다. 비염은 특히 환절기나 새벽 혹은 이른 아침 시간이 치명적인데, 목사로서 매일 새벽기도를 인도해야만 했던 나는 눈을 뜨는 순간부터 줄줄 흘러내리는 콧물과 사투를 벌이며 눈물겹게(?) 하루를 시작해야만 했다. 너무 괴로워서, 비염을 고쳐보고자 비염에 특효가 있다는 각종 한약을 지어 먹어보기도 하고, 용하다는 한의원을 찾아다니며 얼굴과 코 주변에 침을 맞기고 하고, 심지어 병원에서 코뼈가 살짝 휘어져서 그런 것 같다는 말에 깜빡 넘어가 코뼈 일부를 잘라내는 수술을 받기도 했다. 하지만 백약이 무효였다. 오히려 시간이 갈수록 비염 증세는 더욱 심해졌고 자칫 정상적인 (사회)생활이 불가능해지는 것은 아닌가 싶을 정도로, 비염 때문에 일상생활의 리듬이 무너지기 일쑤였다.

겨울철이면 예배당 강단에서 연신 콧물을 훌쩍거리며 간신히 설교를 하는 담임 목사의 처량한 모습을 보는 교우들의 마음도 편치 않았을 것이다. 돌이켜보면 그런 흉한(?) 모습을 하고 선포한 설교를 애정과 인내심을 갖고 잘 들어준 교우들께 감사할 뿐이다.

그런데 2012년 어느 날부터 갑자기 비염 증세가 싹 없어졌다. 말 그대로 비염이 완전히 사라졌다. 무슨 용한 치료를 받은 것도, 기가 막힌 약을 먹은 것이 아닌데도 하룻밤 사이에 비염에서 해방된 것이다. 참 신기했다. 아무튼 비염에서 해방되니 제2의 인생을 사는 것처럼 좋았다.

하루는 어느 집사님 가정에 심방을 갔는데, 그 집사님이 예배 시간 내내 훌쩍거렸다. 그냥 딱 봐도 비염이었다. "어? 집사님, 비염 생겼어요? 원래 비염 없었잖아요? 근데 왜 그런 몹쓸 병이 생겼지? 아, 그거 내가 걸려봐서 잘 아는데 엄청 괴로운 병인…." 속사정도 모르고 내가 방정맞게 떠들었다. 그랬더니 L 집사가 '빙그레' 웃으며 다음과 같이 말했다.

"목사님, 사실은 목사님이 비염 때문에 강단에서 훌쩍거릴 때마다 제가 마음이 너무 안쓰러웠어요. 그래서 새벽기도 시간에 하나님께 '우리 목사님 비염을 제게 주시고, 대신 목사님 비염을 고쳐주세요'라고 간절히 기도를 드렸지요. 그래서인지 몰라도, 제가 갑자기 비염이 생겼습니다."

헉! 세상에 이럴 수가. L 집사의 이야기를 듣고 가만히 날짜를 계산해보니 정말 그가 새벽기도회에 나와서 담임 목사의 비염을 대신 짊어지겠다고 기도한 날짜와, 내가 비염에서 완전히 해방된 날짜가 딱 맞아떨어졌다. 종교개혁가 마르틴 루터의 말마따나 '위대한 교환'이 일어난 것이다.

나는 "아이고~ 집사님, 그런 말도 안 되는 기도는 왜 해가지고 그 골치 아픈 병에 걸리누. 아이구~ 쯧쯧" 혀를 차면서도, 다른 한편으로는 '나 원 세상에, 하나님이 참 희한하게 기도를 응답하시네' 싶어서 배시시 기어 나오는 웃음을 참느라 배꼽에 힘을 잔뜩 주지 않을 수 없었다. 아무튼 그렇게 해서 나는 비염에서 완전히 해방되었고 8년이 흐른 지금까지도 전혀 비염 걱정 없이 잘 살고 있다. 간절히 바라기는 그 집사님도 꼭 비염에서 해방되었기를 소망할 뿐이다. 키리에 엘레이손!

광야에서 꽃 한 송이를 심는 사람들

2013년 11월 말부터 12월 초까지 동년배 목사 두 사람과 함께 요르단을 긴급히 방문했다. 시리아 내전이 격화되면서 수백 만에 달하는 난민이 인접 국가들로 탈출 러쉬가 벌어지던 때였다. 특히 시리아와 국경을 마주하고 있는 요르단으로 엄청난 숫자의 난민이 몰렸다. 요르단 정부는 난민들을 긴급히 마련한 수용소에 격리했지만 그 많은 사람을 한데 다 모아놓기란 불가능했다. 수용소 대신 스스로 살길을 찾아 나선 난민 중 요르단에 친척이 있거나 시리아를 탈출할 때 약간의 현금을 챙겨온 사람들은 요르단 북쪽의 도시 곳곳에 산재한 허름한 방들에 기거하면서 하루속히 전쟁이 끝나기만을 학수고대했다.

　우리 세 사람은 기도 중에 "겨울이 시작되었는데 시리아 난민들이 추위로 고생을 하고 있으니 요르단에 가서 난로를 선물해주면 좋겠다"는 성령의 감동을 받아 40대 분량의 난로를 구매할 수 있는 자금을 준비해서 이스라엘을 거쳐 요르단으로 들어갔다. 요르단은 처음인 데다 아랍어를 전혀 할 줄 모르니 누군가 우리 일행을 안내하면서 시리아 난민들과 접촉할 수 있도록 도와줘야 했다. 하지만 중동 정세가 요동을 치면서 기독교 선교사들에 대한 감시와 통제가 부쩍 심해진 까닭에 어느 정도 규모가 있는 교단이나 선교 단체 소속의 선교사들은 이미 한국으로 철수한 때였다. 그 와중에도 요르단을 떠나지 않고 남아서 시리아 난민들과 연락을 끊지 않고 있던 한국인들은 인터콥 소속의 몇몇 평신도 선교사들뿐이었다. 그중 두 사람이, 우리 일행이 요르단에 머무는 동안 줄곧 운전과 안내를 도맡아서 수고해 주었다.

평소 인터콥에 대한 인상이 안 좋았던 터라, 나는 인터콥 소속 선교사들의 도움을 받는 것이 처음에는 왠지 찝찝했다. 내 신학적 기준에 의하면 인터콥이라는 단체는 백투예루살렘운동이라고 불리는 불건전한 종말론과 과격한 선교 행태로 물의를 빚는 요주의 대상이었다. 바로 그 인터콥 소속 선교사들과 종일 같이 움직이며 시리아 난민들에게 난로를 전달하려니 마음이 편치 않았다. 하지만 막상 그들과 함께 일하면서 대화를 나눠보니 하나같이 성정이 착하고 신실한 사람들이었다.

하루는 아침 일찍 호텔로 우리 일행을 데리러 온 인터콥 소속 형제에게 나와 잠깐 같이 기도를 하지 않겠냐고 물어본 뒤, 그를 위하여 기도한 적이 있다. 그때 성령님께서 환상을 통해 그 형제의 처지를 보여주셨는데, 황량한 광야 한가운데서 그 형제가 혼자 쭈그리고 앉아 손바닥만 한 어떤 식물 한 포기를 심어보려고 땀을 뻘뻘 흘리며 무진장 애를 쓰는 장면이 나타났다. 그 장면만으로도 이슬람 권역에서 기독교 복음을 전하는 일이 얼마나 난망하고 고단한 일인지를 짐작할 수 있었다. 실제로 무슬림 한 명을 전도하기 위해서는 먼저 수년 동안 한 사람과 인격적인 관계를 맺고 충분한 신뢰를 얻어야만 복음을 전하는 일이 가능하다고 했다.

그날 이후로 나는 좀 더 마음을 열고 그 형제들과 사적인 이야기를 포함하여 많은 대화를 나누었는데, 이야기를 나누던 중에 인터콥에서는 파송 선교사들에게 재정적인 뒷바라지를 거의 안 해준다는 사실을 알게 되었다. 인터콥 소속 선교사들은 본부의 지원 없이 자비량으로 활동을 해야만 하는 까닭에 가족 모두가 극빈한 생활을 하며 어렵게 선교활동을 이어간다는 것이었다. 그 말을 듣는데 마음이 짠했다. 그래서 나는 요르단 내의 연락이 가능한 모든 인터콥 선교사들과 그 가족들 전체를 초청하여 수도 암만에서 가장 괜찮은 식당을 택해 저녁을 대접하고 싶다고 했다.

그렇게 해서 암만의 한 중국식당에서 십수 명 가까이 되는 인터콥 선교사 가족들이 전부 모였다. 나는 그 식당에서 가장 좋은 음식을 마음껏 시켜도 된다고 했다. 그리고 우리는 정말 고급스러운 중국음식들을 실컷 먹었다. 어린아이들까지 모두 참석하여 시종일관 활짝 웃고 떠들며 맛있게 식사를 하는 모습을 보노라니 흡사 이다음에 천국에서 열릴 메시아적 잔치가 이렇지 않을까 하는 생각이 들었다. 나는 그날 저녁, 종말에 모든 구속받은 성도들이 자신의 신학적 스펙트럼, 신앙적 경험을 초월하여 한 하나님의 가족으로서 메시아의 만찬을 나누며 행복에 겨워 어쩔 줄 모르는 장면을 미리 맛본 셈이다. 그 자리에 모인 사람들이 모처럼 와자지껄 떠들며 성도의 교제를 나누는 모습을 보는 것만으로도, 내 배는 지극한 포만감에 휩싸였다. 그리고 그런 행복은 비단 나 혼자만 느낀 것이 아니었다. 식사 후에 헤어지면서 그 자리에 참석했던 어느 인터콥 선교사의 아내가 내 귀에 대고 명랑한 음성으로 이렇게 말해줬다.

"목사님, 오늘 너무 감사드려요. 요르단에 와서 오늘이 제일 행복한 날이에요."

저희 부부가 제일 놀랐어요

2014년 1월 어느 토요일 저녁이었다. 서울 근교에 있는 한 교회로부터 설립 10주년 기념 1일부흥회 설교를 해달라는 부탁을 받고 참석했다. 그 교회는 개혁적인 정신과 시스템으로 제법 유명했다. 목사의 독주나 전횡을 용납하지 않고, 모든 의사결정은 정관에 따라 처리하며, 자기 건물을 갖는 대신 재정의 상당 부분을 선교와 구제에 사용하는 교회였다. 기성 교회의 일탈행위에 싫증이 나거나 상처 입은 사람들이 소위 건강한 교회를 찾아 나설 때 출석을 제일 먼저 고려하는 교회이기도 했다. 담임 목사님은 내게 설교를 부탁하면서, 교회 설립 이래 지난 10년 동안 한 번도 부흥회를 해본 적이 없는데 이번에 큰 맘 먹고 집회를 기획하면서 설교자로 누구를 초청할까 고민하다가 나를 떠올렸다고 했다.

집회는 경기도 용인의 어느 기도원에서 열렸다. 집회 당일 조금 일찍 도착하여 담임 목사님 내외분과 식사를 같이 하며 담소를 나났다. 대화 중에 내가 "목사님, 혹시 괜찮으시면 설교 끝나고 나서 본인이 원하는 분들께만 안수기도를 해드릴까 하는데 어떠신지요?"라고 물었다. 그 목사님은 별 상관없다고 하면서 한마디를 덧붙였다. "근데, 김 목사님, 저희 교회는 교인들이 그런 것(안수기도)을 별로 좋아하지 않아요. 그러니 제가 이따 광고는 하겠지만 혹시 안수기도를 받겠다는 사람이 전혀 없어도 서운하게 생각하지는 마세요." 그 말을 듣고 나는 속으로 쾌재를 불렀다. 안수기도를 한다고 집회 사례비를 더 많이 주는 것도 아니고, 내 입장에서는 안수기도를 하면 몇 시간 동안 진액을 쏟아부어야 하는데 그 짓(?)을 안 해도 된다니 얼마나 감사한 일인가!

이윽고 집회가 시작되었고, 나는 1시간가량 최선을 다해 설교를 했다. 설교 후 개인기도 시간을 갖기에 앞서 담임 목사님이 "혹시 오늘 강사 목사님께 안수기도를 받고 싶은 분들이 있으면 지금 강단 앞으로 나오시면 좋겠습니다"라고 광고를 했다. 그러자 과연 무슨 일이 일어났을까? 예상과 달리, 수많은 성도가 자리에서 일어나 강단 앞으로 걸어 나왔다. 안수기도를 받겠다는 사람이 너무 많아서 예배당 출입문까지 줄이 길게 늘어설 정도였다. 덕분에 나는 거의 자정이 될 때까지 그 많은 사람을 일일이 기도로 섬기느라 진한 고생을 했다.

마지막까지 기다리던 사람을 위해 기도해주고 예배당 밖으로 나오는데 출입구 앞에서 기다리고 있던 목사님 내외가 고생했다면서

음료수를 권했다. 그때 사모님이 한마디 하셨다. "김 목사님, 오늘 저희 교인들이 안수기도를 받겠다고 줄을 서는 것을 보면서 가장 놀란 것은 다름 아닌 저희 부부입니다. 저희는 정말이지 우리 교회에 이런 영적 니즈(needs)가 있을 것이라고는 꿈에도 생각을 못했습니다." 사실 나도 그랬다. 나 역시도 그 교회에서 진짜로 안수기도를 하게 될 것이라고는 생각을 못했다. 하지만 성령님께서는 인간의 선입견과 편견을 뛰어넘어 일하셨다.

신학적인 교회도, 개혁적인 교회도, 정의로운 교회도 '기도'가 없으면 교회다울 수 없다는 것은 자명한 진리다. 오늘날 신학적인 교회에도, 개혁적이고 정의로운 교회에도 '기도가 필요한' 사람들이 너무 많기 때문이다. 그렇다. 지금 우리는 서로를 위해 거룩한 '손을 들고' 더욱 많이 기도해야 한다.

핸드드립 수업

목사가 집사에게 매를 맞았다고 하면 어떻게 생각할까? 십중팔구는 목사를 때린 집사를 욕하든지, 오죽하면 목사가 집사에게 맞았겠냐며 목사를 힐난하든지 둘 중 하나일 것이다. 다행히 현실에서는 신도들에게 매를 맞는 목사가 거의 없다는 사실에 위안을 받아야 할 듯하다.

솔직히 고백하자면 나는 살면서 딱 한 번 집사에게 매를 맞아본 적이 있다. 그런데도 그 집사님을 생각하면 늘 고맙다. 그분이 아니었으면 아마도 나는 커피를 내리는 방법을 배우려는 생각도 못했을 것이다.

K 집사님은 국내 굴지의 대기업에서 전문경영인으로 재직하다가 정년퇴임한 분이셨다. 일찍부터 음악과 커피에 조예가 깊은 그는 퇴임 후에도 직접 오디오를 제작하고 여러 문화센터 등에서 음악과 커피 관련 강의를 하면서 바쁘게 살았다.

하루는 K 집사님에게서 연락이 왔다. 혹시 안 바쁘면 다음 날 아침 일찍 당신 집에 잠깐 놀러 오라는 것이었다. 나는 '노인네가 심심하신가 보다'라고 생각하고는 그러겠다고 답했다. 이튿날 오전에 집사님 댁을 방문해보니 부엌 식탁에 처음 보는 커피 세트가 가지런히 놓여 있었다. 집사님은 다짜고짜 "내가 김 목사님 커피 내리는 것 가르쳐드리려고 일부러 오시라고 했어요. 오늘은 나랑 함께 커피 공부를 해요" 하면서 내 옷소매를 슬쩍 끌어당겼다. 그렇게 해서 내 인생에서 처음으로 핸드드립이란 것을 배우게 되었다.

커피 수업은 생각보다 힘들었다. 오전에는 커피의 유래, 종류, 원산지, 특성 등 이론 공부를 했다. (나는 얼떨결에 배우긴 하면서도 속으로는 '이걸 왜 알아야 하지, 그냥 얼른 커피 내리는 기술이나 가르쳐주지' 하는 한심한 생각을 했다.) 점심 식사 후부터는 본격적으로 커피 내리는 법을 배웠는데, 프라이팬에 생두를 볶는 법부터 시작해서 잘 볶인 원두를 그라인드에 넣고 분쇄하는 법, 그리고 뜨거운 물로 커피를 내리는 법까지 차례대로 배웠다. 초보자가 드리퍼에 가득 담긴 커피 분말 위에 주전자의 물을 일정한 굵기와 간격으로 붓는 일은 생각보다 쉽지 않았다. 물의 양이 들쭉날쭉하거나 흔들리기 일쑤였다. 그럴 때마다 옆에서 지켜보던 K 집사님이 30cm 자를 가지고 내 손등을 찰싹찰싹 때리면서 '정신을 집중하라'고 했다. 그러니까 내가 집사한테 '매를 맞았다'는 것은 핸드드립 방법을 배울 때 플라스틱 자로 손등을 맞으며 배왔다는 이야기다.

수업이 다 끝난 후 K 집사님은 원래는 몇 주에 걸쳐서 차분하게 배워야 하는 과정인데 내가 워낙 바쁜 사람이어서 속성으로밖에 못 가르쳤다며 아쉬워했다. 그래도 기본적인 방법은 가르쳤으니 앞으로 요긴하게 써먹으라고 당부하셨다. 그분의 당부대로, 나는 지금까지 그때 배운 커피 핸드드립 기술을 정말 요긴하게 잘 사용하고 있다. 그때 그 수업이 아니었으면 내 삶도 커피로 인해 더 풍성해지지 못했을 것이며, 늘 내가 내려주는 커피를 마시면서 약간의 행복을 느끼는 내 주변 사람들의 소소한 즐거움도 없었을 것이다. 백번을 생각해봐도 그때 그 수업은 확실히 매를 맞을 만한 가치가 충분했다.

이런 커피는 드릴 수 없습니다

2012년 겨울, 한국성서대학의 L 교수님이 "아주 괜찮은 카페가 있다"며 나를 수유리에 있는 한 커피숍으로 데리고 갔다. '행복 카페' 란 곳이었다.

이곳은 모든 커피를 오직 핸드드립으로만 내렸다. 커피뿐 아니라 다른 차들도 모두 핸드드립으로만 우려냈다. 그렇다고 해서 가격이 비싼 것도 아니었다. 다른 카페에서 기계로 추출하는 가격에 맞춰 핸드드립으로 커피를 내리는 것이다. 자연히 주문을 하고 기다리는 시간이 길 수밖에 없었다. 그런데도 사람들이 그 커피를 마시려고 길게 줄을 서 있는 풍경을 보는 일이 별로 어렵지 않았다.

그 후 서울 강북 지역에 갈 일이 있을 때마다 자연스럽게 그 카페를 이용하는 일이 잦아졌다. 몇 번 들락거리다 보니 사장님과도 친숙해져 편하게 대화를 나눌 수 있게 되었다. 카페 사장님은 수유리의 한신대학원에서 신학을 전공한 사람이었다. 신학대학원을 졸업하고 교회 목회 대신에 카페를 창업한 것이다. 그분 말이, 본인은 맛있는 커피를 내려 사람들을 행복하게 해주는 것을 자신의 사명이자 목회라고 생각한다 했다.

한번은 이런 일이 있었다. 커피를 주문한 다음 그 앞에 서서 군침을 삼키며 기다리고 있는데 정성스럽게 커피를 내리던 사장님이 2/3쯤 내린 커피를 갑자기 쏟아버리고 다시 처음부터 내리는 것이었다. 나는 내가 마실 커피가 눈앞에서 증발해버린 것을 보고 당황해서 물었다. "어, 어, 사장님, 아까운 커피를 왜 버려요?" 그랬더니 이런 대답이 돌아왔다.

"목사님, 제가 커피를 내리다가 잠깐 다른 생각을 했습니다. 잡생각이 들어간 커피를 손님께 팔 수는 없습니다. 죄송합니다. 잠시만 더 기다려주시면 제가 제대로 다시 내려드리겠습니다."

한마디로 그에게는 커피와 차를 손으로 내리는 행위가 일종의 '도'였다. 따지고 보면 그동안 내가 그곳을 들를 때마다 '도'를 마신 셈이다.

그때 나도 결심했다. "앞으로 커피를 내릴 때는 절대로 잡생각을 하지 말아야겠다"고. 그런데 번번이 실패하고 만다. 하루에도 여러 차례 커피를 내려서 사람들을 대접하지만 나는 매번 생각이 많다. 그러고 보면 최소 커피 드립에 관한 한 나는 아직도 속물이다.

친구란?

'지란지교'란 말이 있다. '지초'와 '난초'의 사귐이란 뜻으로 친구 사이의 맑고 향기로운 우정과 교제를 이르는 말이다. 김응교, 홍순관, 이윤호 세 분의 사귐을 볼 때마다 이 말의 뜻이 떠오르곤 한다.

시인이자 작가인 김응교 교수님과 교분을 맺게 된 것은 2012년에 새물결플러스에서 『그늘』이란 책을 출판하면서다. 그의 책 『그늘』은 문학작품 속에 나타난 신의 은밀하고 아득한 흔적을 탐구한다. 성경에도 하나님의 강렬한 현현만 있는 것이 아니라 숨어계신 모습이 담겨 있는 것처럼, 문학작품 속에서 신은 보일 듯 말 듯 자신의 존재를 시위하는 경우들이 더더욱 흔하다. 『그늘』은 그 뿌연 흔적을 세밀하게 포착하고 그려낸다.

2012년 9월 17일에 서울 명동에서 『그늘』 북콘서트를 진행했다. 그날 행사는 김응교 교수님의 오랜 벗인 가수 홍순관 선생이 사회를 맡아 수고했고, 많은 독자들이 굵은 빗줄기를 뚫고 참여하여 자리를

149

꽉 메워주신 덕분에 성황리에 끝났다. 북콘서트가 끝난 후에는 명동의 어느 커피숍에서 10여 명이 둘러앉아 소위 뒤풀이를 가졌는데 그 자리에는 역시 김응교 선생의 또 다른 오랜 벗인 이윤호 선생도 참석하였다. 김응교, 홍순관, 이윤호 세 사람의 친분은 족히 한 세대(30년)짜리 추억 앨범을 공유하고 있었다.

사람 관계에 대한 내 지론은 명확한 편이다. 좋은 사람을 만나면 (그 사람 때문에) 좋은 사람을 만나고, 반대로 나쁜 사람을 만나면 그로 인해 나쁜 사람과 연결된다는 것이 나의 오랜 철학이다. 내가 김응교 선생과 맺은 인연은 그 뒤로 홍순관, 이윤호 같은 또 다른 좋은 분들과의 만남으로 이어졌다. 나는 김응교, 이윤호 두 분께는 여전히 깍듯이 경어를 쓰지만 홍순관 선생과는 어느 순간부터 그냥 형, 동생하면서 편하게 말을 놓는 지경까지 왔다.

다시 앞으로 돌아가서, 2012년 9월 17일에 진행한 북콘서트 자리에서 김응교 선생은 내게 홍순관과 이윤호 두 사람을 정중하게 소개했다. 그날 나는 마음에 한 가지 의문을 품었는데, 그것은 김응교, 홍순관 두 사람이 서로 오랜 벗이라고 하면서도 말 끝마다 꼬박꼬박 존댓말을 쓰는 게 이상했던 까닭이다. 더욱이 두 사람은 나이도 같았다. 보통 한국의 남성들은 위아래로 몇 년 차이는 그냥 퉁치고 친구로 지내자며 알쏭달쏭하게 말을 놓는 경우가 많다. 하물며 동년배끼리는 말할 것도 없다. 그런데 두 사람은 달랐다. 두 사람이 서로를 향해 던지는 경어에는 한 치의 흐트러짐이 없었다.

보다 못해 내가 물었다. "아니, 두 분은 나이도 같고 오랜 친구라면서 왜 말끝마다 존댓말을 쓰시는 거죠?" 그랬더니 홍 선생이 그 까닭을 이렇게 말해줬다.

"우리 두 사람은 비록 친구지만 서로를 너무 존경해서 죽는 날까지 절대로 말을 놓지 말자고 굳게 서약해서 그래요."

묵직한 울림이 있는 답변이었다. 마치 자극적인 탄산음료만 먹다가 어머니가 정성껏 우려낸 숭늉을 한 사발 들이키는 것 같은 따뜻한 느낌이 창자를 타고 단전까지 내려가는 듯했다.

함께 운동을 하고, 음식을 먹고, 여행을 하고, 농을 칠 수 있는 친구는 많은 세상이지만, 서로 존경하는 까닭에 말 한마디 한마디를 단정하게 건넬 수 있는 친구를 만나기란 쉽지 않다. 그런 친구 또 어디 없을까!

목회 성공

A 목사는 미국의 유수 신학교에서 신학박사를 받고 뉴저지의 모 한인교회에서 안정적으로 목회를 하던 이였다. 새물결플러스가 서울 양천구 목동에 있던 시절, 그러니까 2015년 어느 날 그가 불쑥 나를 찾아왔다. 그때까지 나는 A 목사를 전혀 몰랐다. 하지만 그는 SNS를 통해 나를 잘 알고 있으며 한국에 귀국하면 꼭 한번 만나봐야겠다고 생각하던 차에 마침 기회가 되어 찾아왔노라 했다.

그의 첫인상은 에너지가 넘친다는 느낌이었다. 그는 서글서글한 인상에 자신감 넘치는 어투로 대화를 주도했다. 보통은 처음 만나는 사이인 경우 피차간에 어느 정도 조심스럽기 마련인데 그는 아랑곳하지 않고 자신의 속마음을 거침없이 표현했다. 그냥 딱 봐도 인생의 굴곡이 별로 없는 사람처럼 느껴졌다.

그는 내가 묻지도 않았는데 자신에 대해 소상히 이야기해주었다. 미국에서 신학박사를 받고 500명가량 출석하는 한인교회를 꽤 오랫동안 목회하다가 얼마 전 사임하고 귀국했다고 했다. 내가 알기로 미국 뉴저지는 살기 불편한 동네가 아닌데 왜 굳이 귀국을 했을까? 더욱이 미국에서 500명 정도 출석하는 한인교회라고 하면 한국에서 5천 명이 출석하는 교회와 거의 맞먹는 수준인데 왜 그런 괜찮은 자리를 내려놓고 돌아온 것일까? 나는 그의 이야기를 들으면서 궁금한 마음이 들었다. 이런 나의 마음을 간파라도 한 듯이 그는 자신이 미국 생활을 정리하고 귀국한 이유를 일말의 에두름도 없이 직설적으로 이야기했다. "김 목사님, 제가 한국에 돌아온 이유는 최소한 1만 명 정도 모이는 교회의 담임 목사가 되어 선봉에 서서 한국교회를 개혁하기 위함입니다."

나는 그 말에 하마터면 피식하고 웃을 뻔했다. 절대다수의 목사들이 소위 목회 성공이란 걸 꿈꾼다. 물론 여기서 말하는 목회 성공이란 교회 규모를 키우는 것이다. 이른바 '메가처치'를 세우는 것이다. 그러나 다들 속으로는 자신이 담임하는 교회를 크게 키우고 싶다 해도 그걸 노골적으로 드러내기를 삼가는 것이 상례다. 특히 교회 성장이나 번영신학에 대한 비판이 심심치 않은 2천 년대 이후로는 더욱 그런 분위기가 자리 잡았다. 하지만 그는 달랐다. 그는 메가처치를 무작정 비난할 것이 아니라 그것의 순기능을 인정하고 메가처치를 변화시키는 방식으로 한국교회를 개혁해야 한다고 생각했다. 그리고 다른 사람은 몰라도 자신은 꼭 그걸 현실화시킬 수 있는 비전과 실력을 갖춘 최적임자인 것처럼 자신 있게 말했다. 나는 최소한 그 순간만은 마치 영혼 없는 사람처럼 그의 말에 기계적으로 고개를 끄덕이며 말없이 그의 주장을 들어줬다.

그런 식으로 몇 시간이 흘렀다. 그도 자신이 너무 오랫동안 내 시간을 빼앗았다고 느꼈는지 주섬주섬 자리를 정리하기 시작했다. 자리를 파하기 전에 그가 내게 불쑥 부탁을 했다. "김 목사님, 헤어지기 전에 잠깐 저를 위해서 기도해주시면 고맙겠습니다."

나는 그러자고 하고 그와 탁자를 마주한 상태에서 기도를 시작했다. 눈을 감자마자 하나님께서 환상을 보여주며 말씀을 주셨다. 나는 그 환상의 내용을 따라 말을 이어갔다. "목사님, 목사님이 굉장히 높은 산꼭대기에서 스키를 타고 아래로 내려오고 계십니다. 그런데 아무리 내려와도 도무지 골인 지점이 나타나질 않습니다. 이렇듯 앞으로 하나님께서 목사님을 한없이 낮추실 겁니다. 하나님께서 목사님을 무한정 낮추시는 통에 목사님이 지치고 낙망할 무렵이면 드디어 골인 지점이 나타날 겁니다. 그리고 골인 지점을 통과할 때야 비로소 스키는 가장 낮은 자리까지 내려와야만 끝나는 경기라는 것을 깨닫게 될 것입니다."

눈치챘겠지만 기도 내용이 영 별로였다(인간적으로는 그렇다는 뜻이다). 누군가를 위해 기도할 때 이런 내용이 나오면 나 역시도 기도를 하는 내내 마음이 불편하다. 그날도 마찬가지였다. 기도를 마친 후 나는 씁쓸했고, 그는 떨떠름한 표정을 숨기지 못했다. 우리가 원했던 기도 내용은 그의 바람대로 하나님께서 그를 널리 알려진 큰 교회로 보내셔서 한국교회를 위해 그동안 갈고닦은 실력을 유감없이 발휘하는 것이었다. 하지만 정작 받은 기도 내용은 우리의 소망과는 상극이었다.

지금까지 경험으로 볼 때 누군가를 위해서 기도했는데 그 사람이 원하는 내용(욕망)과 다른 말씀이 주어지면 대개는 감정이 상하여서 나와의 인연을 끊거나 발걸음을 멀리했다. 그러나 A 목사는 달랐다. 그는 이후로도 기회가 될 때마다 나와의 연락이나 만남을 즐겼다. 그리고 그와의 인연이 깊어질수록 '이 사람이 참 괜찮은 목사구나' 하는 확신이 더 커졌다.

그는 내게 공언했던 대로, 그 후 부지런히 담임 목사 자리를 알아보기 시작했다. 마침 그즈음 한국교회는 세대교체가 한창이었다. 이름만 대면 누구나 알 만한 큰 교회들도 차례대로 리더십 교체의 과정을 거쳤다. 그도 힘껏 목사 청빙 이력서를 냈다. 처음에는 교인 수가 만 명이 넘는 교회들을, 그다음에는 수천 명이 모이는 교회들을, 그다음에는 수백 명, 심지어 수십 명이 모이는 교회까지 이력서를 보냈다. 수년 동안 그렇게 했다. 그렇지만 정말 놀랍게도 단 한 교회에서도 청빙을 받지 못했다. 기이한 일이었다. 그의 학력이나 목회 이력, 나이 등을 고려할 때 진즉에 괜찮은 교회의 청빙을 받았어야 했다. 하지만 그런 일은 일어나지 않았다. 그 몇 년 동안 그의 마음이 얼마나 힘들었겠는가! 얼마나 답답했는지, 한번은 A 목사 내외가 함께 나를 찾아와 기도를 부탁하면서 "하나님께 대체 우리 가정의 스키 경기가 언제쯤 끝나는지 여쭤봐 주세요"라고 했을 정도였다. 물론 그걸 내가 어찌 알겠는가. 답답하고 안타깝기는 나도 마찬가지였다.

시간이 더 흘렀다. 일이 뜻대로 안 풀려 한동안 조급하고 침울해하던 A 목사의 심경에 변화가 일어나기 시작했다. 어느 순간부터 그는 나를 만날 때마다 현재의 볼품없는(?) 생활에 '만족'하고 '감사'한다고 했다. 이제는 설령 다시 목회를 못한다 해도 그것조차 하나님의 뜻으로 받아들이며 주어진 일상에 최선을 다하면서 살고 싶다고 했다. 2015년에 처음 만났을 때의 그 호기로움은 다 사라지고 힘이 쭉 빠진 한 인간이 내 앞에 서 있었다.

2019년 4월 28일이었다. 서울 영락교회 원로 장로님이었던 그의 부친이 천국으로 떠나셨다. 나는 건국대학교병원 장례식장에 마련된 빈소를 찾아 정중히 조문했다. 조문 후 가볍게 차를 마시면서 A 목사의 가족들과 이야기를 나누는데 갑자기 성령님께서 마음에 어떤 확신을 주셨다. 너무 강렬한 감동이어서 나는 가만히 있을 수 없었다.

"목사님, 드디어 스키 경기가 끝났다고 합니다. 아마도 하나님께서 목사님께 새로운 목회지를 허락하실 것 같습니다."

　그는 정말 그렇게 되었으면 좋겠다고 했다. 그리고 며칠 후 그는 홍콩의 어느 한인교회로부터 담임 목사 청빙을 받아 한국을 떠나게 되었다. 홍콩행이 결정된 후 그가 내게 이런 말을 해줬다. "김 목사님, 제가 미국으로 유학을 떠나기 전인 이십 대 때 중국선교를 위해서 헌신하겠다고 오랫동안 간절히 기도를 드린 적이 있었는데, 하나님께서 이제 저를 중국의 관문으로 보내시네요." 과연 하나님께서 스키 경기가 끝난 후 그를 어떤 경기에 투입하셔서 멋진 장면을 연출하실지 자못 궁금하다.

노점상의 배려

2018년 4월 5일이었다. 고단한 일과를 마치고 귀가하던 나는 우연히 한 장면을 목격하고 콧등이 시큰거려 걸음을 멈출 수밖에 없었다.

버스 정류장에서 내려 우리 집으로 가는 길목에는 튀김 종류를 파는 포장마차가 하나 있고, 그 옆에는 허름한 좌판을 펼쳐놓고 꽃을 파는 할머니 한 분이 앉아계신다. 그다지 인적이 많은 곳은 아니어서, 오가며 볼 때면 튀김을 사려는 손님은 더러 있는 것 같으나, 꽃을 사는 사람은 좀처럼 눈에 띄지 않았다. 하기야 나 같아도 할머니가 길거리에 엉성하게 늘어놓고 파는 곳보다는 잘 꾸며진 꽃가게를 방문하여 꽃을 살 것이 분명하다.

해는 서산으로 뉘엿뉘엿 넘어가고 있었고, 얼굴이 벌게진 햇살에 몸을 내어준 아파트 창가가 황금빛으로 반짝거리는 시간이었다. 평소에는 이렇게 빨리 퇴근한 적이 (거의) 없어 나는 꽃을 파는 할머니가 몇 시에 출근해서 몇 시에 퇴근하는지 전혀 몰랐다. 그날 보니 할머니는 해가 질 무렵에 좌판을 정리하고 귀가하는 것 같았다. 얼마 안 되는 꽃 뭉치를 소중하게 챙기고, 좌판을 정리해서 포장마차 뒤편에 감추는 할머니에게 튀김 집 사장님이 만 원을 건네려는 모습이 내 시야에 잡혔다. 튀김을 파는 아저씨는 한사코 돈을 건네려 하고, 할머니는 기어코 돈을 안 받으려고 했다. 할머니가 "내가 왜 이 돈을 받아?"라며 뿌리치자, 포장마차 주인이 재차 돈을 찔러주며 말한다.

"할머니, 제발 그러지 말고 그냥 받으세요. 오늘 꽃을 하나도 못 팔았잖아요. 나는 그래도 튀김을 조금 팔았으니 할머니보다는 형편이 훨씬 낫잖아요. 할머니, 집에 들어갈 때 그냥 빈손으로 가지 마시고 저녁거리라도 하나 사서 들어가세요. 제발요."

그러자 할머니는 마지못한 듯, 못 이기는 듯, 싫지 않은 듯, 만 원을 챙겨서 호주머니에 곱게 넣었다. 나는 그 장면을 물끄러미 바라보다가, 할머니가 떠난 후 짐짓 아무것도 모른 척 포장마차로 다가가 튀김을 만 원어치 사서 다시 발걸음을 옮겼다.

목사의 소명이 없는 듯합니다

한국의 교육은 승자독식 혹은 약육강식의 원리를 바탕으로 한다. 그 래서일까? 한국에서 공부 잘하는 사람 중에 인성이 좋은 사람을 찾 아보기가 쉽지 않고, 반대로 성품이 좋은 사람들은 공부를 썩 잘하지 못하는 경우가 적지 않다. (여기서 인성이 좋다는 것은 단순히 마음씨가 착 하다는 것을 넘어서 타인에 대한 배려와 희생정신이 몸에 밴 것을 의미한다.) 사 람도 좋고 공부도 잘하는 사람이 없지는 않겠으나 흔치 않은 것도 사 실이다.

그런 면에서 우리 회사의 노동래 편집자는 사람도 좋고 공부도 잘하는 경우다. 우선 그는 전교 1등 출신들만 간다는 서울대학교 법 대 출신이다. (요즘 뉴스 지면을 달구는 여러 사람이 그와 서울대 법대 82학번 동기들이다.) 카이스트 대학원에서 MBA를 공부했고 동국대학교에서 경영학 박사과정을 수료했다(논문을 진즉에 쓸 수 있었지만 학위에 큰 미련 이 없는 듯했다). 대학을 졸업한 후 열악한 집안 형편을 돌보기 위해 곧

바로 사회에 진출하여 국내 굴지의 금융회사를 다녔고 국제기구인 녹색기후기금에서 근무하기도 했다. 무엇보다 그는 사람이 참 좋다. 그와 함께 근무해본 사람이라면 누구나 공감하겠지만 그는 주변을 챙기고, 베풀고, 섬기는 데 탁월한 은사를 갖고 있다.

내가 노동래 편집자를 처음 만난 것은 2015년 5월 22일이었다. 당시 평소 교분이 두텁던 B 교수의 부탁으로 그의 대학 동기 한 분을 만나서 기도와 상담을 진행한 적이 있었다. 그때 만났던 B 교수의 동기가 다음번 만남에 데려온 사람이 바로 노동래 편집자였다. 첫 만남에서 나는 '한국에 이런 평신도 집사가 다 있구나' 싶은 놀라운 이야기를 들었다. 당시 노동래 집사는 신학자들도 독해하기 쉽지 않은 방대한 NICOT, NICNT 주석 시리즈를 거의 다 섭렵했다고 했다. 매일 새벽에 눈을 뜨자마자 제일 먼저 영어 원서 주석을 펼쳐놓고 꾸준히 읽다 보니 마침내 몇십 권에 달하는 주석을 독파하게 된 것이다. 그런데 그가 두꺼운 영어 주석을 읽기 시작한 사연이 더욱 흥미로웠다. 그의 말에 따르면, 주일날 교회에서 담임 목사님의 설교를 듣다 보면 중간중간 틀린 듯한 부분이 많이 느껴져서 할 수 없이 성경을 바로 알기 위해 스스로 주석을 읽기 시작했다는 것이다. 그러면서 자신의 현재 삶의 목표가 '신학교에 가서 신학 공부를 한 후 목사가 되어 올바로 설교하는 것'이라고 했다. 쉽게 말해, 지금 목회하는 목사들의 설교가 부실하기 그지 없으니 차라리 본인이 제대로 신학 공부를 해서 올바른 설교자가 되어 교회를 섬기겠다는 것이었다. 꽤 오래전부터 이 문제를 놓고 깊이 고민했다고 하는 그의 결심은 상당히 확고해 보였다.

나는 몇 가지 대화를 좀 더 해보고 또 성령께서 주시는 감동과 지혜를 따라 정중하게 권면했다. "집사님, 제가 보기에 집사님은 신학을 공부해서 목사로 부름받은 소명이 없는 것 같습니다. 물론 집사님처럼 영특한 분이 봤을 때는 많은 목사의 설교가 부실하고 부족한 것이 사실이겠지만 그렇다고 해서 진정한 부르심이 없는데도 무작정 목사가 되는 것은 바람직하지 않은 것 같습니다. 아쉽겠지만 신학교에 가려는 마음은 깨끗하게 접으시고 좋은 평신도 사역자로서 교회를 섬기는 것이 하나님의 뜻에 더 부합하는 것 같습니다."

보통은 이런 경우 여러 가지 이유를 들어가며 내 말에 반대 혹은 반박하면서 자기 뜻을 굽히지 않는 사람들이 훨씬 더 많다. 하지만 노동래 집사는 그 자리에서 일말의 주저함도 없이 흔쾌하게 "네, 알겠습니다. 그럼 제가 목사님 말씀을 믿고 신학교에 가서 목사가 되려던 꿈은 접겠습니다"라고 대답해서 오히려 나를 놀라게 했다. 어떻게 보면 결론이 너무 싱겁게 난 셈이다.

그는 녹색기후기금에서 근무를 마친 후 2019년부터 우리 회사에서 편집인으로 교회를 섬기고 있다. 새물결플러스는 현재 9명의 편집자가 연간 45-50종의 신학 서적을 만들고 있으며, 출판하는 책들의 상당수는 500-1,000쪽에 달하는 방대한 분량의 전문신학 서적들이다. 노동래 편집자는 이 중에서도 가장 난이도가 높고 볼륨이 두꺼운 책들을 맡아 편집에 온 힘을 쏟고 있다. 우리 회사의 근무시간은 오전 8시 30분부터 오후 5시 30분까지인데 그는 누가 시키지 않아도 매일 오전 8시 이전에 출근하여 저녁 8시가 넘어 퇴근하면서 정열적으로 일하고 있다. 비록 그는 신학교에 가서 목사가 되려던 소싯적 꿈은 접었지만, 평신도 편집자로서 한국의 어지간한 목사는 꿈도 못 꿀 고난도의 두꺼운 신학 서적들을 매끄럽게 번역하고 편집하여 가독성이 높은 우리말 서적으로 만들어 보급함으로써, 하나님의 말씀에 대한 적절하고 건전한 해석을 전국의 교회에 보급하는 최전선에서 고군분투하고 있다. 지금도 그는 자신이 신학 서적을 편찬하는 편집자로서 하나님의 말씀을 배우는 일에 게으를 수 없다며 매일 새벽 5시 이전에 기상하여 제일 먼저 방대한 영어 주석을 읽는 것으로 하루를 시작한다고 한다. 그는 자신이 교회를 변화시키겠다는 사람의 꿈은 내려놓았지만 좋은 책을 통해 교회의 체질을 개선하겠다는 하나님의 꿈에 더욱 가까이 가고 있다.

당신 좌파였어?

수년 전 어떤 이가 "사람의 몸의 중심은 (뇌나 심장이 아니라) 가장 아픈 곳"이라고 했다. 생각할수록 대단한 통찰력이 아닐 수 없다. 자신이 직접 아파본 사람은 누구나 이 말의 의미를 어렵지 않게 알 것이다. 그런 점에서 2014년 4월 16일에 진도 앞바다에서 발생한 세월호 침몰 사건은 여전히 한국사회의 가장 아픈 구석임이 틀림없다. 세월호 침몰은 사건 발생 당시뿐 아니라 6년의 시간이 지난 현재까지도 정확한 사고 원인과 경위가 규명되지 않은 채 유가족은 물론이거니와 많은 국민의 마음에 지독한 트라우마로 남아 있다.

세월호 침몰로 304명의 꽃다운 생명이 허망하게 떠났을 당시 한국교회가 보여준 어떤 반응들은 과연 교회의 존재 의미가 무엇인가를 놓고 심각한 회의를 느끼게 하기에 충분했다. 어느 목회자는 세월호 희생자들을 향해 "가난한 집 아이들이 뭐 하러 수학여행을 가서 그런 사고를 당했냐"며 질책했다. 또 어떤 목회자는 "세월호 참사는 하나님께서 한국사회를 향해 '회개'를 요구하는 사인"이라고 말했다. 그 밖에도 상당수 교회가 이념에 따라 첨예하게 갈라져 세월호 참사를 둘러싸고 갑론을박을 벌였다. 그 와중에 '피해자 중심주의', 즉 피해자들의 아픔과 고통에 적극적으로 동참하는 모습은 좀처럼 찾아보기 어려웠다. 교회가 이념과 정파의 포로가 되어 우리 시대의 고아와 과부를 외면한 것이다.

D 교수는 학자로서의 명성과 설교자로서의 실력을 겸비한, 국내에 몇 안 되는 귀한 목사다. 그는 오랫동안 국내 한 신학교에서 후학을 가르치며 연구와 저술 작업에 힘써왔지만 시간이 지날수록 마음 한편에 지역 교회를 섬기고 싶은 열망이 무르익는 것을 억누를 수 없었다. 그래서 하나님께서 자신에게 적합한 목회의 길을 열어달라는 기도를 빼놓지 않고 드렸다.

학자로서의 실력, 설교자로서의 열정, 온화한 인품을 골고루 갖춘 D 교수에게 소위 러브콜을 보내는 교회도 꾸준히 있었다. 서울 강북구의 모 교회도 그중 하나였다. 그 교회는 교인 수가 수만 명에 달하는 대형교회였고, 교회를 개척한 1세대 담임 목사의 은퇴를 목전에 두고 있었다. 평소 D 교수에 대해 호감을 갖고 눈여겨보았던 그 교회의 담임 목사는 마침내 D 교수에게 후임으로 청빙할 의사가 있음을 내비치고, 교회 리더십들과의 공감대를 거친 후, 교인들에게 본격적으로 선을 보일 겸 어느 주일날 그에게 설교를 맡겼다. 예상했던 대로 D 교수의 설교는 청중들로부터 뜨거운 호응을 이끌어냈다. 그 모습을 뒤에서 지켜보던 담임 목사의 입가에도 흡족한 미소가 그치질 않았다. 이 정도면 후임을 선택하는 그의 안목과 선택이 틀리지 않은 셈이다. D 교수 입장에서도 평소 마음속에 간직했던 '일선 목회자'의 꿈을 이룰 수 있는 절호의 기회가 눈앞에 성큼 다가온 것이다.

그런데 그게 끝이 아니었다. 예배 마지막 순서로 축도까지 부탁받은 D 교수는 교회와 회중을 향해 여러 복을 기원한 후 기도 말미에 "하나님께서 세월호 유가족들의 고통과 슬픔을 헤아려주시고 그들의 억울한 사정을 신원해주십시오"라는 간구를 덧붙였다. 사실 D 교수는 어떤 특정한 정치색이나 이념과는 거리가 먼 사람이다. 그는 다만 목회자로서 우리 시대의 대표적인 상처와 그것의 치유를 기원했을 뿐이다. 하지만 그 한마디가 치명적인 독이 될 줄 누가 알았겠는가?

그날 저녁 그 교회의 담임 목사가 D 교수에게 직접 전화를 걸어 이렇게 말했다. "당신, 좌파였어? 그동안 나만 까맣게 모르고 있었네. 청빙 이야기는 없던 것으로 할 테니 그리 알아." 그리고 일방적으로 전화를 끊었다. D 교수로부터 그 말을 전해 듣는 순간, 내 입에서는 절로 장탄식이 터져 나왔다. 기가 막혔다. 대체 교회란 게 무엇인가? 슬픈 자, 억울한 자, 가난한 자, 병든 자들의 고뇌와 아픔에 무감하고 무관한 것을 어찌 교회라 할 수 있단 말인가! 교회가 이 세상의 수많은 슬픈 자와 억울한 자들을 품지 못한다면 그들은 과연 어디로 가서 누구에게 기댄단 말인가!

우리 출판사에서 세월호 유가족들의 이야기와 그들을 곁에서 돕고 섬겼던 그리스도인들의 이야기를 담은 『광장의 교회』를 2016년에 펴냈다. 그 책을 편집하는데 중간에 이런 이야기가 나왔다. 세월호 유가족 중에는 참사가 발생하기 전까지만 해도 교회를 출석하지 않은 사람들이 적잖았다. 하지만 참사로 목숨을 잃은 학생 중에는 홀로 교회를 다닌 아이들이 있었다. 부모와 자식 모두 교회를 다닌 가정에서는 아이가 끔찍한 사고로 황망하게 목숨을 잃자 "왜 하나님이 우리 가정에 이런 시련을 내리시는가?" 싶어 신앙의 위기에 직면한 사람들이 있었는가 하면, 오히려 자식만 교회를 다니고 부모는 교회와 무관한 삶을 살았던 가정에서는 참사 이후 누가 시키지 않았는데도 부모들이 제 발로 교회를 찾아 기독교 신앙에 귀의한 경우가 있었다. 매우 독특한 사례였다. 그 이유를 물어보니, 아이를 먼저 천국으로 보낸 후 뒤늦게 교회를 다니며 기독교에 귀의한 부모 한 사람이 이렇게 답했다.

"우리 아이가 너무너무 보고 싶은데 이제 살아생전에는 두 번 다시 볼 수 없게 되었잖아요. 그런데 지금이라도 제가 예수님을 믿고 천국에 가지 않으면 앞으로 영영 우리 아이를 볼 기회가 없을 듯해서요. 사고가 나기 전에 교회를 열심히 다녔던 우리 아이가 지금 천국에 있을 것 아니에요? 그래서 저도 예수 믿고 빨리 죽어서 하루속히 우리 아이를 다시 만나려고 교회에 열심히 다녀요."

나는 그 인터뷰를 읽으면서 가슴을 쥐어짜며 엉엉 울고 말았다. 세월호 유가족들을 향해 차마 입에 담을 수 없는 험한 말을 아무렇지도 않게 내뱉었던 한국의 (자칭) 그리스도인들은 과연 이다음에 천국에 가서 그 희생자들의 얼굴을 똑바로 쳐다볼 수 있을까? 아니, 그런 심보로 살면서 과연 천국에 갈 수는 있을까?

그 기도 제가 이루어드리지요

그동안 새물결플러스를 통해서 적지 않은 책들을 출판했다. 일각에서는 새물결플러스가 한국 개신교 출판계의 풍향을 바꿨다는 과분한 평가를 해주시기도 하지만 나는 지나친 칭찬이라고 생각한다. 오히려 더 좋은 책을 만들지 못하는 것에 대한 진한 아쉬움 내지 안타까움과 함께, 그러나 우리 형편에서는 힘에 지나도록 최선을 다하고 있다는 말로 허한 심정을 자위하며 묵묵히 우리가 할 수 있는 일을 할 뿐이다.

그간 낸 책들 가운데서 2017년 2월 2일부터 8월 23일 사이에 출판한 『마포삼열 자료집』 1-4권이 특별히 기억에 남는다. 각 권 750-950쪽에 이르는 볼륨으로, 출판 비용에 적잖은 액수가 투입되었지만 정작 판매는 극히 부진했던 대표적인 책이다. 『마포삼열 자료집』은 솔직히 책을 내기로 고민할 때부터 큰 적자가 예상되었으므로 부진한 판매에 대해서는 크게 개의치 않았다. 나로서는 흔히 하는 말로 어떤 '사명감' 내지 '책임감'을 갖고 만든 책이다. 그럼 무엇 때문에 경제적으로 손해 보는 프로젝트에 뛰어든 것일까?

『마포삼열 자료집』은 애초에 서울의 K 교회가 거액의 자금을 대고 D 출판사가 전체 10권 분량으로 만들기로 했던 프로젝트였다. 하지만 막상 작업에 착수해보니 처음 예상했던 것보다 훨씬 더 많은 자금이 필요해서 결국 중간에 좌초되었다. 그런 상황에서 이를 안타깝게 여긴, 이 자료집의 편역자인 옥성득 교수가 내게 부탁을 해서 결국 내가 그 일을 떠맡게 된 것이다.

옥성득 교수가 새물결플러스에서 이 작업을 계속해줄 수 있는지를 문의했을 때 나는 거짓말 안 보태고 하룻밤을 꼬박 새우며 고민에 고민을 거듭했다. 가장 큰 장애물은 역시 '돈'이었다. 우리보다 규모가 훨씬 큰 D 출판사도 중간에 손을 든 프로젝트를 매달 생존에 급급한 영세(?) 출판사가 떠맡는다는 것이 어찌 부담스럽지 않겠는가? 제아무리 내가 한국교회를 위해서 필요하다면 적자가 감수되는 두꺼운 신학책을 서슴지 않고 출판하기로 악명(?)이 높다지만 그럼에도 회사의 생존과 운영을 책임지고 있는 입장에서, 상당한 출혈이 불 보듯 뻔히 예견되는 프로젝트에 선뜻 몸을 던질 수는 없는 노릇이었다.

하룻밤을 뜬눈으로 지새운 후에 결국 나는 이 책을 우리 회사에서 출판하기로 했다. 이유는 크게 두 가지였다. 첫째는, 마포삼열(사무

엘 마페트) 선교사와 그 동료들이 한국 민족을 위해서 바친 숭고한 헌신과 희생을 생각할 때 그들의 자취를 오늘의 시대에 복원하는 일은 아주 사소한 '보은' 행위였기 때문이다. 외람된 말이지만, 그리고 건방진 말이지만, 나는 한국교회를 대표하고 대신해서 한국 선교 초창기에 선교사들이 베푼 은혜를 조금이라도 갚는다는 마음으로 이 일을 수행하기로 했다. 둘째는, 마포삼열 선교사가 남긴 엄청난 분량의 일기와 선교 자료를 일일이 분류하고 타이핑 작업을 한 그의 며느리 마애린 여사가 본인이 생존해 있는 동안에 부디 이 자료집이 꼭 빛을 볼 수 있도록 간절히 기도하고 있다는 말을 들었기 때문이다. 당시 마애린 여사는 팔십 중반의 적지 않은 나이였고, 건강도 안 좋았다. 그런 정황을 건네 들은 나는 마애린 여사가 하나님께 간절히 올려 드린 기도를 누군가는 대신 이루어드려야 한다고 생각했고 기왕이면 그 일을 내가 맡아서 수행하자고 생각했던 것이다. 아래 편지는 당시 내가 미국에 있는 마애린 여사에게 직접 보낸 것이다.

친애하는 마애린 여사님께

안녕하신지요.

　저는 한국의 새물결플러스 출판사 대표 김요한 목사입니다. 이번에 『마포삼열 자료집』 1-4권을 출판한 발행인입니다.

먼저 편지로나마 인사를 드리게 되어 영광입니다. 또한 여사님이 건네주신 소중한 자료를 바탕으로 매우 값진 책을 출판하게 되어 기쁘기 그지없습니다.

사실 처음 옥성득 교수로부터 『마포삼열 자료집』 출판을 부탁받았을 때 적이 망설였습니다. 왜냐하면 이런 종류의 책은 한국 개신교에서 인기가 별로 없기 때문입니다. 실로 방대한 자료집을 출판하려면 적잖은 돈이 들어가는 데 반해 판매를 기대하기가 난망하여 출판사로서는 많은 적자가 예상되는 일이므로 주저하는 것은 어찌 보면 당연한 일입니다.

그런데 그런 와중에 제가 마포삼열 목사님의 자료집을 출판해야겠다는 마음을 굳히게 된 것은 순전히 여사님의 헌신과 수고 때문이었습니다.

마포삼열 목사님이 남긴 편지와 메모, 회의록, 보고서, 신문 기사 등을 여사님께서 예순이 넘은 나이에 마이크로필름을 판독해가며 근 20년에 걸쳐 손수 타이핑했다는 말을 전해 들었을 때, 누군가 그 정성과 수고에 화답해야겠다는 마음이 들었습니다. 또한 여사님이 20년 동안 깨알 같은 글자를 판독하면서 타이핑하는 동안 하나님 아버지께 기도했을 많은 내용, 곧 그 귀한 자료들이 출판의 형태로 세상의 빛을 보게 해달라고 기도했을 것이 분명하다고 생각하고 부족하지만 제가 어떻게든 그 기도 응답의 도구로 쓰임받으면 좋겠다는 생각을 했습니다.

다행히 옥성득, 김선욱 두 분 교수님의 배려와 협조 속에, 그리고 저희 출판사 편집자와 디자이너들의 수고 속에 멋진 책이 출판되었고 그 책이 순차적으로 여사님께 전달되었다는 소식을 들을 수 있어 기쁘기 짝이 없습니다.

마포삼열 목사님이 남긴 주옥같은 편지와 보고서, 회의록 전부를 하나도 빼놓지 않고 읽는 내내 제 마음에 큰 울림이 있었습니다.

초기 한국교회 선교사들이 한국 땅을 처음 방문하고서 받은 느낌은 한결같이 "한국인들이 더럽고 게으르고 거짓말을 잘한다"는 것이었습니다. 또한 평안도와 함경도의 추운 날씨에 적응을 못해 쩔쩔매는 모습이 애처롭기까지 했습니다. 그러나 그들은 곧바로 "그런데 이상하리만큼 한국인들이 너무나 사랑스럽다"고 고백했습니다. 그런 마음이 있었기에 초기 선교사들이 이 땅을 위해서 눈물 어린 헌신을 할 수 있었고 개중에는 생명을 내놓은 사람도 있었다고 생각합니다.

특별히 마포삼열 목사님 본인과 그 가족들이 한국 민족과 한국교회를 위해 바친 헌신은 참으로 귀감이 됩니다. 한국 민족의 복음화와 삶의 질 향상을 위해 하루도 쉬지 않고 수고한 마포삼열 목사님과 그 가족들의 노고에 다시 한번 깊이 감사를 드리는 바입니다. 그런 눈물 어린 수고가 있었기에 당시는 말할 것도 없거니와 훗날 한국교회가 놀라운 부흥과 성장을 경험할 수 있었습니다.

필경 이번에 나온 『마포삼열 자료집』은 이 책을 읽는 독자들의 심금을 울릴 것입니다. 그리고 초기 한국교회사를 연구하거나 공부하는 사람들에게 더할 나위 없이 좋은 자료가 될 것입니다. 이런 귀중한 자료들을 기록하신 마포삼열 목사님과, 오랜 시간 동안 시아버님의 편지들을 타이핑해서 전달해주신 마애린 여사님께 깊은 감사를 드립니다. 천국에서의 상이 클 줄로 믿습니다.

여사님의 건강이 많이 안 좋다는 말씀을 전해 들었습니다. 부디 강건하시고 위로와 소망의 주님께서 늘 함께하시길 손 모아 기도드립니다.

2017. 8. 18
서울에서 김요한 목사 드림

Dear Mrs. Eileen F. Moffett

I am John Kim, chairman of Holy Wave Plus in Korea, the

publisher of *Sources of Samuel Austin Moffett,* 4vols. It is an honor to send my greeting to you in writing. I am also very pleased to have the valuable resources published based on the data you have prepared.

When prof. Sung-Deuk Oak asked me to publish the series, I was rather reluctant since that kind of books is not popular in the Korean Protestant circles. Perhaps my reaction is justified by the fact that it is a great financial risk for a publisher to produce the series as the prospect of its sales is grim while the publishing cost is considerable.

However, it was your commitment and endeavor that changed my heart to publish them. When I heard that you deciphered the microfilms and transcribed Rev. Moffett's letters, notes, reports and articles for over twenty years, I felt I had to respond to such commitment. Believing that you must have prayed on numerous occasions for the precious resources to see the light in published forms as you deciphered them, I thought that it would be wonderful if I could be an answer to the prayers.

Gratefully, they have been published in gorgeous format and style in thoughtful cooperation with prof. Oak and prof. Seon-

Wook Kim and under the labor of our editors and designers. It was pleasing to hear that the books arrived in your hands as they were published.

As I was reading through the gems, I was greatly moved. When the first missionaries set their feet on Korea, their first impression was always that "Koreans are dirty, lazy and good at lying." Besides, I felt sorry for them as it must have been very challenging to accommodate themselves to the freezing weather of Pyeongan and Hamkyung provinces. Yet they soon confessed that "Koreans are strangely very dear." I think this is why they could shed their tears and risk their lives for this land.

What Rev. Moffett and his family have done for the Koreans and the Korean Church is truly exemplary. Once again I would like to express my deep gratitude for their persistent endeavor for the evangelization of Koreans and for the improvement of the quality of life in Korea. Thanks to them, the Korean Church has later, as well as then, experienced great revival and growth.

I am certain that *Sources of Samuel Austin Moffett* will touch the hearts of those who read it, and it will become a great resource for those researching the history of early Korean Church. We are really grateful to Rev. Moffett for recording such valuable sources and to you, Mrs. Eileen F. Moffett, for transcribing the letters of your father in law for a long period. I believe your rewards are great in heaven.

I have heard that you are not well. I pray that you would stay strong and that the Lord of comfort and hope would always be with you.

Yours sincerely,

Rev. John Kim

Seoul

그렇게 해서 마침내 『마포삼열 자료집』 1-4권이 세상에 모습을 드러낼 수 있었다. 지금도 이 책을 볼 때마다 나는 우리 민족이 초창기 선교사들로부터 얼마나 큰 사랑의 빚을 지고 있는지를 다시 한번 되새기게 된다. 그리고 역사의 자취를 복원하여 우리와 다음 세대에게 유산으로 물려주는 일이 얼마나 귀한 일인지를 확인하게 된다. 무엇보다 한 번도 직접 얼굴을 뵌 적은 없지만 예수 그리스도 안에서 한 가족인 어느 그리스도인의 오랜 기도가 응답되는 일에 내가 작은 통로 혹은 도구가 되었다는 사실이 더없이 기쁘기만 하다. 다른 사람을 발판 혹은 수단 삼아 나의 기도를 응답받는 것만을 중요하게 생각하는 세태에서, 다른 사람의 기도가 응답되는 데 내가 작은 발판이 되어주는 일이 얼마나 기쁜지를 아는 것만으로도 어쩌면 이 시대를 향한 의미 있는 저항이 되지 않을까 생각해본다. (모쪼록 『마포삼열 자료집』 5-8권도 너무 늦지 않게 우리말로 선보일 수 있도록 필요한 자금이 마련되길 기도한다. 특별히 '평양대부흥' 사건을 기록한 5권이 신속히 출판된다면 더없이 기쁠 것이다.)

아버지의 마음

2018년 가을 어느 날이었다. 미국의 최고 명문 대학에서 박사과정을 마치고 독일에서 박사후과정을 밟고 있던 한 형제가 찾아왔다. 오래 전부터 그의 이름은 알고 있었으나 얼굴을 마주하기는 그날이 처음이었다. 그는 장래가 매우 촉망되는 종교학도로서 신학, 종교학, 정신분석학, 심리학, 사회학 등 학제간 연구를 통해 자기만의 독창적인 학문 세계를 구상하는 중이었다.

그가 나를 찾아온 이유는 의외였다. 그는 자신이 극심한 우울증으로 고통을 겪고 있다고 고백했다. 심지어 기독교 신앙을 상실한 것 같다고도 말했다. 그 이유는 그의 아버지 때문이었다. 그의 아버지는 전직 목사였으나 당시는 교도소에서 복역 중이었다. 그는 그런 아버지가 끔찍하게 싫다고 했다. 아버지의 오명 때문에 자신이 향후 국내에서 신학자 혹은 종교학자로 활동할 기반을 잃어버렸다고 생각했다. 그렇다고 해서 부자 관계를 끊어버릴 수도 없는 노릇이었다.

진퇴양난, 그것이 그의 처지를 가장 잘 표현하는 말이었다. 그는 미래에 대한 걱정 때문에 '진로' 문제를 놓고 작정기도까지 해봤지만 신은 아무런 반응을 보이지 않았으며, 그래서 어느 순간부터 신의 존재를 놓고 극심한 회의에 빠졌다고 했다. 한때는 복음주의 진영의 최전선에서 열렬히 기독교 신앙을 변호하던 그가 신의 존재 유무를 놓고 깊은 갈등과 회의에 빠진 모습은 당혹스러웠다.

그가 나를 찾아온 계기는 아마도 『지렁이의 기도』에 대한 소문을 듣고서인 듯했다. 그는 마지막으로 지푸라기라도 잡는 심정으로, 혹시 정말 하나님이 계신다면 그분이 자기를 위해 무언가 어떤 사인을 주지 않을까 하는 생각에 나를 찾아왔다고 했다. 나는 속으로 겁이 덜컹 났다. 순간 '이런 상황에서 내가 무슨 말을 해야 한단 말인가' 하는 의뭉스러움이 내 마음을 가볍게 할퀴고 지나갔다. 그래도 어쩌겠는가? 우리는 함께 손을 잡고 기도를 드렸다. 이럴 때 하나님께서 청천벽력 같은 목소리로 자신의 존재 여부를 확실히 알려주신다면 얼마나 좋으랴? 하지만 그런 일은 일어나지 않았다. 성령님께서는 다만 그의 상황과 관련하여 아주 간단하게 한마디 하셨다. "사랑하는 아들아, 네 아버지 때문에 네가 속상하고 근심이 많다는 것을 내가 잘 안다. 하지만 네 아버지가 (비록 세상 사람들이 이런저런 흉을 보고 손가락질을 할지 모르지만) 감옥에서 너를 위해 간절히 기도하고 있단다. 그리고 내가 네 아비의 기도를 불쌍히 여긴단다."

기도를 끝낸 후 다른 누구보다도 내가 맥이 쭉 빠졌다. 이런 뻔한 말로 어떻게 극심한 실의에 빠져 있는 한 형제를 도울 수 있단 말인가 싶었다. 그렇지만 전혀 예상 밖의 반응이 돌아왔다. 그 형제가 눈을 반짝이면서 갑자기 "하나님이 계신 게 확실한 것 같다"고 했다. 엥? 이게 웬 뚱딴지같은 소리란 말인가 싶었다. 그가 지체하지 않고 말을 이었다.

"실은 목사님께 오기 얼마 전에, 교도소에 계신 아버지께 면회를 다녀왔습니다. 그때 아버지가 창살 너머로 제게 그러셨거든요. '아들아, 비록 아버지가 추레하게 이 안에 갇혀 있지만 하루도 빠짐없이 너를 위해서 간절히 기도하고 있단다.' 솔직히 저는 아버지의 그 말이 가슴에 하나도 안 다가왔거든요. 만약 하나님이 계신다면 저희 아버지의 기도를 들어주실 리가 없다고 생각했습니다. 그런데 오늘 목사님 기도 중에 정확하게 그 상황이 언급되는 것을 들으면서, 하나님께서 나의 고통스러운 상황을 정확하게 잘 알고 계신다는 믿음과 더불어 소망이 생겼습니다."

대화가 끝난 후 그는 내가 한턱 대접하겠다는 것을 애써 사양하고 굳이 자신이 맛있는 식사를 샀다.

그가 돌아간 다음 나는 과거, 언론에 보도된 기사를 읽고서 그의 아버지를 내 임의로 판단하고 정죄했던 것을 반성했다. 그리고 사람의 공론장과 법정에서는 유죄일지라도, 하나님의 법정에서는 긍휼과 은총이 최우선적인 가치라는 사실을 다시 한번 절감했다. 비록 그 형제 아버지의 몸은 죗값을 치르느라 쇠창살 안에 갇혀 있을지라도 그런 갇힌 자녀들의 기도까지 세밀하게 듣고 계시는 하나님의 청력이 얼마나 자애로운가!

너희 중에 누가 아들이 떡을 달라 하는데 돌을 주며 생선을 달라 하는데 뱀을 줄 사람이 있겠느냐? 너희가 악한 자라도 좋은 것으로 자식에게 줄 줄 알거든 하물며 하늘에 계신 너희 아버지께서 구하는 자에게 좋은 것으로 주시지 않겠느냐?(마 7:9-11)

어떤 후원자

사실은 2013년을 기점으로 새물결플러스를 접으려고 했다. 일단 적자 폭이 너무 커서 감당이 안 될 정도였고, 교단과 교회의 비리와 무능을 바라보면서 내 마음도 극도로 지쳤던 때였기에 그런 집단을 위해 신학 서적을 만드느라 헛힘을 쓰는 게 싫었다. 하지만 출판사의 존폐 문제를 놓고 기도할 때마다 저 위에 계신 분께서는 '내가 도와줄 테니 아무 걱정하지 말고 계속하라'는 응답을 주셨다.

솔직히 황당했다. 2007년에 출판사 설립을 준비하던 때부터 시작하여 수년간 간곡히 기도할 때는 기껏해야 '힘들 텐데 감당할 수 있겠느냐'는 질문만 던지시더니, 막상 출판 사역을 정리하려고 하니 그제사 '도와준다'는 말씀은 또 무엇이란 말인가? 하지만 '도와주겠다'는 말씀을 진짜 하나님의 뜻과 상관없는 일방적인 내 생각이라고만 치부하기도 어려웠다. 그 이유는 당시 나는 정말 출판사를 그만두고 싶은 생각이 굴뚝같았기 때문에, 만약 내 무의식 속에 잠재된

184

바람 혹은 욕망이 기도 중에 발현된 것이라면 필시 스스로에게 '이제 그만 해도 좋다'는 사인을 보냈을 것이기 때문이다. 그러나 그건 아니었다. 내 현실적 필요와 기도 응답이 전혀 일치하지 않았다. 그럼에도 분명한 것은, 나로서는 '하나님이 도와주시겠다'는 말씀이 좀처럼 믿어지지 않았다는 것이다. 그도 그럴 것이 주변을 눈이 빠지게 둘러봐도 마땅히 도움을 받을 구석이 안 보였다. 그래서 어떡하든지 회사 문을 닫을 궁리만 했다. 2013년 연말까지 그렇게 지냈다. 다시 출판 사역에 매진해야겠다는 마음이 조금씩 회복되기 시작한 것은 해가 바뀌어 2014년 봄부터였다.

2014년 봄이었다. 회사를 운영하는 게 너무 고단해서 하루는 밤 늦게 페이스북에 넋두리를 끄적거리고 잠자리에 들었다. '교회들이 신학 서적을 만드는 일의 중요성을 인식하고 매월 5만 원씩 후원금 명목으로 도서비를 책정해주면 그 금액에 준하는, 혹은 그 이상으로 매달 따끈따끈한 신간을 보내드릴 수 있는데 어찌 된 영문인지 한국 교회가 다른 데는 펑펑 돈을 잘 쓰면서도 책 만드는 데는 소홀하다'는 것이 넋두리의 요지였다. 아무리 열심히 일해도 매월 적자를 탈피하지 못하는 내 신세에 대한 푸념 이상도 이하도 아닌 글이었다. 하도 답답해서 그런 글을 SNS에 남긴 것이다. 그런데 놀라운 일이 벌어졌다. 아침에 일어나서 보니 하룻밤 사이에 약 270명 정도의 정기 독자 신청이 들어와 있었다. 앞서 5년 동안 출판사를 운영하는 동안 모집한 정기독자 숫자가 30명이 채 안 되었는데 반해 불과 6시간 만에 270명 정도의 신규 정기독자 신청이 쇄도한 것이다. 그것도 대부분 전문 목회자가 아닌 일반 신자들이었다. 권사님, 집사님들이 본인들이 직접 신학 서적을 읽을 것도 아니면서 '한국교회를 위해 좋은 신학 서적 전문 출판사가 있어야 한다'는 당위 하나만을 놓고 대거 정기독자 신청을 해주셨다. 나는 그 사건을 하나님께서 '도와주겠다'는 사인으로 받아들였다. 필경 그날 270명의 신규 정기독자가 형성되지 않았다면 나는 얼마 못 버티고 출판사를 접었을 것이고, 현재의 새물결플러스는 존재하지 않았을 것이 분명하다.

그 후에도 해마다 조금씩 꾸준히 정기독자가 늘었다. 정기독자님들을 생각할 때마다 마음이 뭉클하다. 어느 한 분도 빼놓을 수 없을 만큼 다들 고마운 분들이다. 그중에서도 이번 글에서 소개하려는 독자를 빼놓을 수 없다. 언제부터인가 한 자매가 꾸준히 후원금을 보내왔다. 그는 처음에는 두 계좌로 시작해서 얼마 후에는 일곱 계좌까지, 그리고 2020년에는 무려 열일곱 계좌까지 정기독자 숫자를 늘렸다. 그러면서 자신에게 신간을 보내는 대신 책을 사보고 싶어도 형편이 어려워서 선뜻 신학 서적을 구매하지 못하는 (가난한) 목회자들에게 매월 책을 보내주면 그 비용은 계속 자기가 감당하겠다고 했다. 정기독자 비용 외에도 부정기적으로 얼마씩 후원금을 보내기도 했다. 나는 회사 통장에 찍힌 이름을 봐서 그가 여성이라는 것 말고는 그 독자에 대해 아무것도 알 수가 없었다. 그저 고마운 마음뿐이었다.

하루는 드디어 내가 마음의 빚을 갚을 수 있는 날이 왔다. 그녀가 회사를 방문할 테니 잠깐 시간을 내서 자기를 위해 기도해줄 수 있겠냐는 연락을 해온 것이다. 그렇게 해서 2018년 11월 어느 날 그녀를 처음 만났다. 제법 진한 화장 때문에 정확하게 가늠할 수는 없었지만 대략 사십 대 초중반 정도이지 않을까 싶은 여성이었다.

그녀는 건강이 너무 안 좋아서 언제고 기회가 되면 꼭 한 번 만나 기도를 받고 싶었다고 했다. 나는 살포시 웃으면서 "제가 어떻게 몸 아픈 것을 해결하나요? 하나님께서 필요하다 싶으면 몸을 고쳐주시는 거고, 아니다 싶으면 가만 놔두시는 거죠" 하면서 너스레를 떨었다. 말은 쉽게 했지만 마음만은 진심이었다. 내가 늘 농담조로 표현하듯이, 인간의 생사화복은 전적으로 위에 계신 '오야붕'의 소관이다. 그것은 사람이 어떻게 할 수 있는 문제가 아니다.

그녀는 진지한 표정으로 말을 이었다. 아무래도 자신에 관해 사실대로 이야기를 해야 할 것 같다고 했다. 분위기가 갑자기 너무 진지해져서 나는 조금 긴장이 되었다. '대체 무슨 말을 하려고 저렇게 밑자락을 까는 걸까?' 싶었다. 그때 그녀의 입에서는 예상치 못했던 고백이 흘러나왔다. 그녀는 자신이 '트랜스젠더'라고 했다. 태어날 때의 생물학적인 성은 남성이었는데 중도에 수술을 받고 여성으로서의 삶을 시작한 것이다. 나는 이따금 텔레비전 화면으로 '트랜스젠더'를 본 적은 있었지만 눈앞에서 함께 이야기를 나눈 것은 그날이 처음이었다. 더욱이 수년 동안 새물결플러스의 유력한 정기독자였던 사람이 트랜스젠더라고 하니 묘한 기분이 들었다.

그날 그녀와 두 시간 가까이 대화를 나눈 일은 내 인생에서 일종의 작은 터닝 포인트가 될 만한 사건이었다. 나는 그녀를 통해 트랜스젠더, 더 구체적으로 그리스도인 트랜스젠더들의 삶에 대해 자세히 들을 수 있었다. 우선, 그녀는 자신이 성전환수술을 받고서 (이를 용납하지 못한) 가족들과 관계가 소원해졌다고 했다. 처음에는 그녀 본인도 자신의 혼란스러운 성 정체성을 신앙의 힘을 통해 해결해보려고 일 년에 수개월씩 단기선교도 다녀보고, (같은 문제로 고민하는 사람들끼리) 기도원에 올라가서 뜨겁게 기도를 드리는 등 별의별 종교적 방법을 다 써봤다고 했다. 하지만 어떤 시도도 궁극적인 해결책이 못 되었고 결국 자신이 남성이 아닌 여성이 되어야만 한다는 사실을 받아들여만 했다. 또한 그녀는 자신과 같은 그리스도인 트랜스젠더들이 제법 많다고 했다. 하지만 일반 교회에서는 자신들이 설 자리가 없기 때문에 주일에 교회에 가는 대신 인터넷 생중계 예배를 드리면서 신앙을 힘겹게 유지하는 경우가 적지 않다는 말도 했다. 나는 그녀의 이야기를 들으면 들을수록 마음에 이루 다 표현할 수 없는 연민이 피어올랐다. 사실 나는 동성애나 트랜스젠더 문제 등에 대해 비교적 보수적인 입장을 견지하고 있는 사람이었다(지금도 마찬가지다). 하지만 막상 그런 문제로 힘겨워하면서도, 한편으로 어려서부터 배운 기독교 신앙을 지켜보려고 몸부림을 치고, 다른 한편으로 시민사회 안에서 생계를 위해 열심히 살아가려는 한 '인격체'를 실제로 대면하고 나니 기존에 내가 갖고 있던 견고한 선입견이 뿌리째 해체되는 느낌이었다. 그때 나는 내 눈앞에 오직 내가 이해하고, 공감하고, 함께 슬퍼하고, 그 짐을 나눠 져야 하는 동료 그리스도인 한 사람이 앉아 있다는 생각에 압도되었다. 그래서 굳게 결심했다. "이 자매에 대한 일체의 판단은 전적으로 하나님께 맡기고, 내가 할 일은 이 자매를 이해하고 섬기는 것이다"라고.

그 후로 그 자매는 무슨 일이 있을 때마다 소위 '기도 제목'을 문자로 보내온다. 그런데 그녀가 긴급히 부탁하는 기도 제목을 보면 거의 하나 같이 주변의 아픈 사람, 힘든 사람, 사건사고에 휘말린 사람들을 위한 중보기도 요청이 대부분이다. 선교사들을 위한 기도제목도 많다. 그리고 아주 가끔 한 번씩 그녀는 자신의 아픈 몸을 위해서 기도해달라고 한다.

그녀는 현재 (앞서 적은 것처럼) 열일곱 명의 목회자들에게 매달 3-4권의 신간이 갈 수 있도록 후원하고 있다. 그녀의 헌신으로 매달 새로 나온 양질의 신학 서적을 받아보는 목회자들은 대부분 농어촌 지역에서 외롭고 고단하게 사역하는 사람들이다. 형편이 어려워서 책을 사보고 싶어도 엄두가 안 나는 분들이다. 그런 분들이 한 트랜스젠더 자매의 사랑의 수고를 통해 책을 접할 수 있으니 얼마나 귀한 일인가! 하지만 어쩌면 그분들 중에는, 예전의 나처럼, 성 정체성 혹은 지향성에 대해 매우 보수적인 입장을 굳게 지키고 있는 분들도 분명 있을 것이다. 그래서 나는 가끔 혼자 걱정 아닌 걱정을 해보는데, 그것은 만약 그 목사님들이 자신에게 책을 후원하는 사람의 성 정체성(?)을 알게 되었을 때 혹시나 화들짝 놀라지 않을까 하는 기우다. 그때마다 나는 습관적으로 고개를 절레절레 도리질하곤 하는데 그 까닭은 분명 그 목사님들도 나처럼, 아니 나보다 훨씬 더 깊이 그 자매를 이해하고 아껴줄 것이라는 믿음 때문이다. 우리 같은 허물 많은 사람의 마음도 이럴진대 그녀를 바라보는 자비로우신 하늘 아버지의 마음이야 오죽하겠는가!

덕분에 나도 숟가락을 하나 얹다

사람의 '인연'이란 참 오묘하다. 불교에서는 현세에서 잠깐 스쳐 지나가는 인연조차도 실제로는 전생에서 영겁의 세월 동안 형성된 끈이 바탕이 된다고 가르치고, 기독교에서는 사람의 만남과 헤어짐이 모두 신의 섭리의 결과라고 믿는다. 분명한 것은 좋은 인연은 사람의 삶을 행복하게 만드는 반면, 그렇지 못한 인연은 불행의 원천이 된다는 것이다. 그러니 복된 만남은 적극 주선하고 나쁜 만남은 극구 피하는 게 상책이지만 우리네 인간의 삶이 그리 간단하지 않다는 것이 함정이라 하겠다.

새물결플러스가 모든 신간마다 5-6번에 걸친 교정을 꼼꼼히 보면서도 연간 45-50권 가까운 책을, 그것도 500-1,000쪽에 달하는 책들을 다수 출판할 수 있는 동력 중 하나가 왕희광 편집장의 수고와 헌신 때문이라는 점을 밝히고 싶다. 왕 편집장이 우리 회사에서 함께 동역한 때가 2014년 1월부터니 2020년 11월 현재 만 7년 가까운 세월이 흘렀다. 따지고 보면 7년 전 그는 우리 회사에 자칫 입사하지 못할 뻔했는데 막판에 극적인 심경의 변화를 일으켜 가까스로 함께 일하게 되었다. 이런 걸 보면 확실히 세상 사람들이 이야기하는 '인연'이란 것이 아주 틀린 말은 아니란 생각이 든다.

그가 우리 회사에 입사한 첫해 가을이었다. 하루는 택배 기사가 왕 편집장 앞으로 보기만 해도 군침이 도는 주황빛의 '단감' 한 상자를 갖고 왔다. 그때, 그가 여러 해 전에 누군가에게 신장을 기증했다는 사실을 처음 알게 되었다. 과거에 왕 편집장이 주일예배에 참석했다가 마침 그날 '장기기증본부'에서 나와 예배 후 전 교인을 상대로 진행한 설득에 마음이 움직여서 선뜻 자신의 장기를 기증한 것이다. 그 덕분에 신장 이식 수술을 받은 한 사람이 새로운 삶을 얻게 되었고, 그 후 해마다 가을이면 그분이 왕 편집장 앞으로 감사의 표시로써 감을 한 상자씩 보낸다는 것이었다.

하지만 왕 편집장 본인은 신장을 기증하고 나서 적잖은 후유증을 겪어야 했다. 특히 최근 몇 년간은 극심한 통풍 증세로 많은 고생을 하는 것을 우리 직원들 모두 곁에서 생생히 지켜봤다. 나는 서구 교회 역사상 가장 위대한 설교자로 추앙받는 영국의 스펄전 목사가 생전에 통풍으로 큰 고생을 했다는 이야기를 책을 통해서만 알고 있었을 뿐 그것이 얼마나 고통스러운 병인지는 짐작을 못했는데 막상 우리 회사 편집장이 힘들어하는 것을 눈앞에서 지켜보니, 죄송한 말이지만 함부로 신장을 덜컹 기증하면 안 되겠구나 싶은 마음마저 들었다.

그런데 2020년 5월 20일에 고맙기 그지없는 소식을 듣게 되었다. 그것은 오래전 왕 편집장으로부터 신장을 이식받은 분의 아들이 훗날 신학을 공부해서 목사가 되었고, 지금은 전라남도 광양의 한 교회에서 청년부 지도목사로 사역하고 있다는 것이었다. 그리고 그 아들 목사가 자신이 지도하는 청년들에게 양질의 신학 서적을 만들어 보급하는 일의 중요성을 이야기해주자, 청년들이 자기들도 기꺼이 새물결플러스 정기독자를 신청하여 일 년 동안 전국의 7개 신학교 도서관에 매달 신간을 보내는 일을 후원하기로 결정했다고 한다.

2020년은 코로나19 사태로 인해 웃을 일이 거의 없었던 한 해다. 그렇지만 저 멀리 남녘에서 늦봄의 전령처럼 올라온 소식 하나가 내 마음을 밝고 명랑하게 만들어줬다. 특히 오늘날 우리 사회에서 누구보다 힘든 처지에 놓여 있는 청년들이 자발적으로 그런 결정을 했다니 더더욱 놀랍고 감사했다. 또한 그만큼 그 청년들을 위해 중보기도하지 않으면 안 되겠다는 거룩한 책임감이 엄습했다. 그 청년들에게 고맙고, 미안하고, 또 고맙고, 또 미안하다.

따지고 보면 이번 일곱 계좌의 정기독자 후원은 왕 편집장이 오래전 뿌린 사랑의 씨앗이 무럭무럭 자라서 맺은 열매로, 남이 차린 밥상 위에 내가 공짜로 숟가락 하나 얹은 것과 진배없다는 생각이

든다. 이 빚을 어찌 다 갚을꼬 싶다.

칼자국

우리 회사는 한 달에 한 번씩 정기독자들에게 신간 도서를 발송한다. 도서를 발송하는 날이 되면 고정으로 아르바이트하는 분들이 약 10여 명 정도 오셔서 일사불란하게 책을 포장하고 발송하는 작업을 진행한다. 벌써 몇 년째 손발을 맞추다 보니 서로 눈빛만 봐도 호흡이 척척 맞는 베테랑(?)들이다. 그런데 몇 달 전부터는 그 가운데 젊은 청년 하나가 함께 끼어 도서 포장 작업을 돕고 있다.

이 청년을 처음 만난 것은 2019년 8월이다. 첫 만남 당시 얼굴 곳곳에 피어싱을 하고 와서 첫인상이 굉장히 색달랐던 기억이 지워지지 않는다. 그보다 더욱 내 눈을 놀라게 한 것은 청년의 손목과 팔뚝 양쪽에 빼곡히 난 칼자국들이었다. 이제 겨우 스무 살밖에 안 된 젊은 아이의 팔 전체가 칼자국으로 도배되어 있었다. 흡사 조직폭력배 생활을 오래 한 베테랑 깡패의 팔뚝 같았다. 저 스스로 자살을 기도한 흔적들이었다.

그날 청년은 제 엄마의 손에 이끌려 (억지로) 왔다. 청년의 어머니는 조선족 출신으로, 오래전 한국에 와서 재혼을 하고 새 출발을 했다. 낯선 땅에서 먹고살기 위해 그야말로 별의별 일을 다했다. 사는 게 빠듯하다 보니 자연스레 아이를 살뜰히 돌볼 겨를이 충분치 않았다. 아이는 무슨 억하심정이 그리 많았는지 어려서부터 일부러 꼭 부모가 보는 앞에서 '자해'를 했다. 그것도 죽지 않을 만큼, 딱 그 정도 깊이로, 꼭 부모가 보는 앞에서 제 몸에 칼을 댔다. 그 세월이 한두 해가 아니었다. 그러니 그 긴 시간을 줄곧 부모나 아이 모두 지옥 속에서 살았다.

　　처음에는 쭈뼛쭈뼛하더니 얼마 못 가 마음을 조금씩 열어가며 청년은 제 마음속에 있는 응어리들을 토해내기 시작했다. 마치 오래된 지층처럼 닥지닥지 눌어붙은 서러운 감정 덩어리들이었다. 아이는 말끝마다 부모에 대한 원망을 빼놓지 않았다. 바로 곁에서 그 말을 듣는 엄마는 무슨 죄가 그리 많은지 아무 대꾸도 못하고 고개를 떨군 채 닭똥 같은 눈물을 흘렸다. 아이의 말 한마디 한마디가 비수가 되어 엄마의 심장에 거친 생채기를 냈다. 그것은 제 팔뚝에 그은 칼자국보다 더 서늘하고 날카로웠다. 나는 간간이 티슈를 꺼내 엄마에게 건네주며 말없이 청년의 응어리를 받아냈다. (이런 날은 상담과 기도가 끝난 후 내 몸도 극심한 몸살을 앓는다.)

　　아이는 부모의 사랑이 무척 고팠다. 그는 사랑에 허기진 자신의 감정을 부모 앞에서 '자해'의 형식으로 풀어냈다. 그 청년이 죽고 싶다고, 차라리 죽어버릴 것이라고, 죽음으로써 가족에게 복수하겠다고 앙탈을 부린 세월은 실은 자신도 제발 사랑받으며 살고 싶다고 힘겹게 몸부림친 시간이었다.

우리는 1시간 가까운 대화를 마치고 함께 기도를 드렸다. 기도를 시작한 지 얼마 안 돼 엄마의 눈에서 샘이 터졌다. 처음에는 흐느끼더니, 흐느낌은 곧 통곡으로 바뀌었다. 그 소리는 흡사 뾰족한 화살에 심장을 맞아 고통스럽게 울부짖는 산짐승의 소리와 같았다. 그때 아이는 아무 말 없이 눈을 감고 있었다. 묘한 대조였다. 그럼에도 참으로 감사한 일은 그 만남 이후로 청년은 두 번 다시 제 몸에 칼을 대지 않았다는 것이다. 청년의 마음은 환한 햇살로 조금씩 채워지기 시작했다. 자해라는 단어는 언제 그랬냐는 듯 그의 인생에서 저 멀리 꼬리를 감췄다. 그래서였을까? 누가 시킨 것도, 부탁한 것도 아닌데, 그 청년은 매월 한 번씩 우리 회사를 방문해서 도서 포장 작업을 돕기 시작했다. 여전히 얼굴에는 피어싱을 한 채 말이다. 하지만 그 얼굴에서 더는 구김살을 찾아볼 수 없다.

약 일 년의 시간이 흘렀다. 2020년 7월 22일이었다. 전라남도 광양에서 그 청년의 어머니가 (감당할 수 없을 정도로 많은) 깻잎을 회사로 보내왔다. 무엇으로라도 은혜를 갚아야 하는데 다행히 올해 깻잎 농사가 풍작이어서 감사한 마음과 함께 보낸다고 했다. 박스 하나를 가득 채운 깻잎을 보면서 나와 우리 직원들은 입이 다물어지지 않았다. '차라리 보내질 말지, 이걸 누가 언제 다 손질하누?' 싶었다. 그래도 몇 사람이 저녁 늦게까지 남아 꾸역꾸역 깨끗이 손질해서 맛있는 깻잎김치를 담갔다. 속으로는 '이걸 누가 언제 먹누?' 하면서.

그런데 반전이 일어났다. 2020년 한반도 전역에 걸쳐 여름과 초가을까지 이상기온 현상이 반복되면서 시장에는 야채와 김칫거리들이 씨가 말랐다(?). 얼마 안 되는 채소는 금값으로 돌변했다. 하지만 우리에게는 푸짐한 깻잎김치가 있었다. 아, 그러고 보면 그 청년의 어머니는 다 계획이 있었나 보다.

반려묘를 위한 기도

언젠가 이런 글을 읽은 기억이 난다. 프랑스에서 있었던 일이라고 한다(실화인지는 잘 모르겠다). 돈이 아주 많은 노령의 가톨릭 신자 한 사람이 죽음을 코앞에 두고 신부님을 찾아가 혹시라도 자신이 키우는 '개'에게 '영세'를 줄 수 있는지 물었다. 신부가 불가능하다고 하자, 그 신자는 푸념하듯이 혼잣말로 이렇게 말했다. "허, 그것 참 안 됐군요. 제 개가 영세를 받으면 제가 죽고 난 후 전 재산을 성당에 헌금하도록 유서를 쓸 참이었는데." 그러자 화들짝 놀란 신부가 재빨리 돌아서서 다음과 같이 말했다. "허, 그것 참 왜 당신의 개가 가톨릭 신자라는 말을 안 해주셨습니까? 키우는 개가 가톨릭 신자라는 사실을 알았으니 더는 지체할 까닭이 어디 있겠습니까? 당장에라도 영세를 베풀도록 하지요."

왜 이런 우스갯소리 같은 이야기들이 회자되는 것일까? 어디 이뿐인가? 서구의 어느 나라에서는 동물들과 함께 드리는 예배나 미사도 있다고 한다니, 개 그리고 고양이들과 한데 어우러져 드리는 그 예배/미사의 장면을 상상할 때마다 솔직히 엄두가 안 난다. 왜 이런 현상이 점차 자연스러워(?)지는 것일까? 그 이유는 아무래도 현대인의 '고독'에서 찾아야 할 것 같다.

살다 보니 나도 기상천외(?)한 일을 가끔 겪곤 하는데 2019년 12월 22일에 있었던 일이 그중 하나다. 당시 전혀 일면식이 없는 어느 자매가 몇 달 전부터 계속 회사로 전화를 걸어 "너무 힘들어서 그러니 제발 한 번만 만나줄 수 없겠냐"고 통사정을 했다. 나는 회사 운영, 바이블클래스 강의, 교정 작업 등으로 너무 바쁘기도 했거니와 그녀의 "너무 힘들다"는 말에 지레 숨이 막혀서 어떡하든 이 문제에 관여하지 않으려고 요리조리 핑계를 대며 상담을 회피했다. 하지만 그 자매는 마치 성경 복음서에 나오는 수로보니게 여인 같이 끈질겼다. 포기할 줄 모르는 그녀의 집념(?)에 나는 더 이상 꽁무니를 뺄 수가 없어서 결국 회사로 오라고 하여 만났다.

"무엇이 그렇게 힘드냐"는 나의 의례적인 질문이 끝나자마자 그녀는 당장이라도 울음보가 터질 듯한 표정으로 "고양이를 잃어버려" 그렇다면서 제발 고양이를 '찾을' 수 있게 (기도로) 도와달라고 했다. 아마도 이날이 내가 태어나서 가장 어이가 없던 날이었을 것이다. '겨우(?) 고양이 한 마리 찾겠다고 눈코 뜰 새 없이 바쁜 내 금쪽같은 시간을 빼앗는단 말인가?' 하는 약간의 분노(?)와 허탈감이 엄습했다. (이것은 순전히 내가 고양이를 키워본 경험이 없기 때문에 공감 능력이 현저히 부족한 데서 발생한 문제다.) 이미 내 어이가 저만치 가출한 상태였지만, 그렇다고 힘겹게 찾아온 사람을 야박하게 대할 수는 없는 노릇이었다. 나는 허망한 내 감정을 드러내지 않으려고 애쓰면서 좀 더 자세히 이야기해달라고 했다.

그녀는 인천의 유명 회사에서 근무하는 사람이었다. 아직 미혼으로 회사 근방에서 반려묘와 함께 가족처럼, 아니 진짜 가족 이상의 애정을 주고받으며 살았다. 그런데 어느 날 잠깐 한눈을 판 사이에 고양이가 집을 뛰쳐 나가버린 사고가 터졌고 그 후 아무리 백방으로 수소문을 해도 찾을 수가 없었다. 고양이를 찾기 위해 급기야는 회사에 휴직계까지 제출하고 6개월간 밤낮으로 온 사방을 헤맸는데도 결국 못 찾았다. 그러는 중에 우울증이 도졌고, 지금은 우울증이 너무 깊어서 아무것도 할 수 없는 상태라고 했다. 눈물과 콧물이 범벅이 된 얼굴로 말을 이어가는 그녀의 딱한 사정을 듣고 있자니 (반려묘를 키워본 적이 없는 나로서도) 마음이 슬금슬금 짠해지기 시작했다.

그렇다고 냉큼 '고양이를 위해서' 기도를 할 수는 없었다. 그러기에는 내 신학적 포지션이나 스펙트럼이 상당히 보수적이었다. 반대로 냉정하게 거절하기도 마땅치 않았다. 이런 경우에는 어떻게 해야 하나? 고민하는 사이 잠시 어색한 침묵이 흘렀다. 잠깐 호흡을 가다듬은 후 내가 입을 열었다. "자매님, 제가 고양이를 위해서 기도를 하는 것은 아무리 생각해보아도 좀 그렇습니다. 또한 잃어버린 지 벌써 반년 이상 지난 고양이를 이제 와서 찾게 해달라고 기도하는 것도 별 가능성이 없는 간구인 것 같습니다. 그 대신 제가 고양이 주인인 자매님을 위해서 기도하면 어떻겠습니까? 혹시 성령께서 감동을 주시면 기도 중에 잃어버린 고양이를 위해서도 기도를 할 수 있겠지만, 지금으로서는 고양이가 아닌 자매님을 위해서 기도를 해드리고 싶은 것이 솔직한 제 마음입니다." 그리하여 우리는 제법 긴 시간 동안 함께 기도를 드렸고, 다행히 그 자매는 어느 정도 마음이 진정된 듯했다. 기도를 마치고 회사 카페 문을 열고 나서는 자매의 발걸음이 한결 가벼워 보였다.

그 일이 있고 나서 나는 머릿속이 복잡해졌다. 단순히 고양이를 위해서 기도를 해주느냐 마느냐의 문제가 아니라 다른 더 깊은 문제들이 뇌리를 지배했기 때문이다. 그것은 바로 '우울증'이었다. 현대 한국인이 앓고 있는 아주 고통스럽고 치명적인 병 중 하나가 우울증이다. 한국사회가 워낙 병리적 특성을 띠다 보니 그 안에서 살아가는 많은 사람이 우울증과 같은 심리-정신 질환에서 자유롭지 못하다. 예컨대 공황장애도 그중 하나다. 우리나라가 OECD 국가 중에서 압도적으로 자살률이 높은 것도 다 이와 연관이 있다. 그리고 이런 문제는 기독교인들이라고 해서 예외가 아니다. 오히려 꽤 많은 그리스도인이 우울증 등으로 고통을 겪으면서도 그 문제를 밖으로 표현하지 못하고 냉가슴을 앓는 경우가 비일비재하다.

특히 1인 가정이 급속히 확산되면서 반려견이나 반려묘와 한 가족처럼 지내는 사람들이 급증하고 있는 현실에서, 어느 순간 반려견이나 반려묘가 먼저 세상을 떠났을 경우 그 주인들이 맞닥뜨리게 되는 우울증 문제가 얼마나 심각한 사회적 양상을 띨지를 예상하는 것은 어렵지 않다. 이렇게 놓고 볼 때 앞으로 교회의 중요한 사회적 책무 중 하나가 사회 곳곳에 넘쳐나는 우울증 환자를 잘 케어하고 치유하는 일이 될 것이라는 점은 명백하다. 솔직히 나는 인천에서 찾아온 자매와의 만남이 있기 전에는 (나 자신이 나름 우울증 전문가라는 뇌피셜적 확신에도 불구하고) 반려동물로 인해 우울증이 심각해질 것이라는 점에 대해서는 미처 깊은 생각을 못했다. 하지만 그날의 만남을 통해 나 자신이 미처 깨닫지 못했던 중요한 점을 배울 수 있었고 앞으로 이런 부분에 대한 입장정리가 더욱 분명하게 정립되어야 함을 절감했다.

체급이 다른 사람과는 다투지 않는 법이란다

성경은 모든 그리스도인에게 서로 사랑하라고 가르친다. 하지만 아무리 좋은 말도 이론은 이론일 뿐 현실은 또 다르다. 이 글을 쓰는 나도 그리고 읽는 독자도, 때때로 다른 그리스도인들 때문에 불편하고, 불안하고, 불행하다. 부인할 수 없는 현실이다. 우리는 다른 그리스도인들과 '샬롬'을 누리길 원하지만 그것이 제 뜻대로 잘 안 된다. 과연 누가 '이 사망의 몸'에서 우리를 구원해줄 수 있을까?

2020년 5월 3일 늦은 오후 시간이었다. 저 멀리 지방 도청 소재지급 도시에서 병원을 운영하는 집사님 내외가 서울까지 애써 발걸음을 했다. 벌써 8년 가까이 새물결플러스 정기독자를 하면서 물심양면으로 출판 사역을 후원하는 분들이었다. 한 달 전부터 5월 초순에는 꼭 한 번 찾아오겠다던 약속을 지킨 것이다. 처음엔 그 두 사람이 단순히 인사차 혹은 나와의 친교 차원에서 방문하는 줄만 알았다. 그런데 그게 아니었다.

그들이 애써 서울까지 온 데는 그만한 사정이 있었다. 바로 교회 문제로 고민이 깊은 탓이었다. 그것도 딱 한 사람 때문에 교회 생활에 기쁨을 잃어버렸다. 이분들이 보기에는, 교우 중 한 사람이 분명 그릇된 말과 행동을 하면서 공동체에 적잖은 손해를 끼치고 있는데도 불구하고 반성은커녕 적반하장격으로 오히려 그 집사님 내외께 책임을 전가한다는 것이다. 기가 막힐 노릇이었다. 그 일로 너무 마음이 상해서 (본인들은 개척 멤버임에도) 차라리 교회를 떠날까 하는 생각이 들 정도로 고통스럽다고 했다. 자초지종을 듣다 보니 나 같아도 교회를 옮기는 게 상책일 듯싶었다. 이럴 땐 어떻게 해야 할까?

우리는 그 문제로 함께 기도를 드렸다. 그때 성령님께서 다음과 같은 말씀을 주셨다.

"사랑하는 내 자녀야, 네가 먼저 훌훌 털어버리고 상대를 긍휼히 여기며 다가가서 손을 잡아주면 좋겠구나. 원래 체급이 다른 사람들끼리는 싸우는 게 아니란다. 어떻게 미들급 혹은 라이트헤비급 선수가 플라이급이나 밴텀급 선수랑 싸우겠니? 또한 권투 선수가 일반인이랑 시비가 붙으면 치고받고 싸우는 대신 그냥 맞는 게 안전한 것처럼, 교회에서 신자들끼리 속상하고 언짢은 일이 있으면 서로 옳고 그름을 따지기보다는 신앙이 더 성숙한 사람이 일부러 져주거나 필요하면 맞아주기까지 하는 것이란다. 그래야 상대가 안 다치는 법이란다. 라이트헤비급 선수가 플라이급 선수를 상대로 싸우지 않는 것처럼 너도 자기보다 더 연약한 사람과 다투지 않았으면 좋겠다. 네가 먼저 훌훌 털어버리면 내가 다른 것으로 네게 보상할 것이란다."

기도가 끝나자 집사님 내외가 눈물이 그렁그렁했다. 기도 중에 특히 '체급이 다른 사람과는 다투지 않는 법'이란 표현이 마음에 확 와닿았다고 하면서, 지난 몇 년간 자신들을 괴롭혀온 문제의 실마리를 찾은 것 같다며 활짝 웃었다.

오후 5시쯤 시작된 만남이 어느덧 밤 9시를 넘겼다. 이런저런 많은 이야기를 더 나눈 후 늦은 밤 차의 시동을 걸고 홀가분하게 떠나는 두 사람의 뒷모습을 바라보면서, 나는 신음처럼 나직한 독백을 쏟아냈다. "나야말로 체급이 다른 사람과는 싸우지 말아야 하는데…, 참으로 그게 쉽지 않구나."

아이의 리듬에 맞추는 법을 연습하다

2020년 6월 10일, 입대를 일주일 앞둔 큰아이와 1박 2일의 짧은 여행을 다녀왔다. 입대를 코앞에 둔 아들을 위해 아빠가 특별히 마련해준 시간이 아니었다. 오히려 아빠를 위해 아들이 자기 시간을 온전히 내어준 것이었다.

여행을 계획하면서 애초에는 동해안, 남해안, 서해안 순서로 대한민국을 에워싼 바다를 구경시켜주고 싶었다. 하지만 1박 2일이란 짧은 시간 안에 한반도 삼면의 바다를 모두 구경하기란 불가능했다. 결국 남해안 여행만 하기로 최종 결정을 내렸고 첫날은 통영에서, 이튿날은 남해와 여수를 거쳐 순천에서 여정을 마쳤다.

관광보다는 같이 차를 타고 움직이는 데 방점을 둔 여행이었다. 구불구불 연결되는 도로를 따라 차를 타고 움직이며 아빠와 아들 둘만이 하고 싶은 이야기가 있었기 때문이다. 입대를 앞둔 아들에게 아빠는 대체 무슨 이야기가 그리도 하고 싶었을까?

나는 7년 동안 육군 군종장교(군목)로 국가를 위해 봉사했다. 전방 부대에서 군목으로 근무하는 동안에 매주 어김없이 20-30명 안팎의 신병들이 부대로 전입을 왔다. 내가 몸담고 있던 부대에서는 신병들이 부대에 첫발을 내딛는 순간 가장 먼저 그들을 맞이하는 사람이 군목이었다. 온종일 신병들과 함께 보내면서 맛있는 라면도 끓여 먹이고, 족구와 농구 시합도 함께 하고, 필요할 경우 (사제 목욕탕에서) 목욕도 시켜주면서 온갖 상담을 했다. 두렵고 낯선 부대 생활을 이제 막 시작하는 이등병들에게 따뜻한 말로 격려와 위로를 해주면 잔뜩 굳어 있던 병사들의 얼굴에 생기가 돌아오곤 했다.

또 한 달에 여러 번씩 대대별로, 중대별로, 때로는 격오지에 근무하는 병사들을 찾아가 소위 '정신교육'이란 것도 무던히 했다. 심지어 입대하는 병사들을 위해 베스트셀러(?)도 썼다(『군대간 형제에게 축복송』). 그러니 입대를 앞둔 아들에게 해줄 말이 나름 참 많았다.

하지만 차의 시동을 걸고 출발하자마자 내가 아들에게 해줄 말이 별로 없다는 것을 깨닫는 데 그리 긴 시간이 필요치 않았다. 아들은 아빠의 훈시보다는 혼자 음악을 들으며, 잠을 청하며, 때로 유튜브 영상을 보며 낄낄거리는 것을 더 즐겼다. 나는 그 모습이 너무나 사랑스러웠다. 그래서 그럴싸한 '군대 생활 잘하는 법' 강의보다는 아들이 자기 핸드폰에서 송출되는 영상과 음악에 푹 빠져 있는 틈을 비집고 들어가 중간중간 아들을 향해 "너를 사랑해", "넌 참 소중

하단다", "네가 엄마와 아빠의 아들로 태어나줘서 고맙구나" 같은 말을 추임새처럼 넣을 뿐이었다. 아들은 영상을 보면서 혼자 낄낄거리다가도 아빠의 "사랑한다"는 말에 혼자 배시시 웃으며 "나도 사랑해"란 말로 화답했다.

나는 무슨 일을 하든지 체계적-계획적으로 해야 직성이 풀리는 사람이다. 하루를 시작하면서 '오늘의 할 일을' 시간대별로 세분화시켜 정교한 계획을 세워놓고 그 틀 안에서 움직이는 스타일이다.

여행을 떠나기 전, 당연히 나는 시간대별로 여행 계획을 세웠다. 비록 1박 2일이란 짧은 시간이지만 이틀에 걸쳐 약 40시간 안에서 할 수 있는 일들을 촘촘히 구성해서 여행 계획을 완성했다.

그러나 막상 여행을 떠나보니 그 모든 계획이 무용지물이었다. 예컨대 아들은 전날 잠자리에 들면서 아빠와 손가락을 걸고 철석같이 약속한 시간보다 훨씬 더 늦게 일어났다. 덕분에 아침 일찍 기상해서 새로운 관광지를 방문하고, 지역 맛집에 가서 아침을 먹고, 해안 도로를 따라 함께 자전거를 타고, 사진을 찍고, 모닝커피를 마시며 수다를 떨려 했던 모든 계획이 아들의 늦잠으로 인해 전부 수포로 돌아갔다. 보통의 경우 나는 이럴 때면 속이 상해서 안절부절못한다.

그런데 아들과 단둘이 있는 동안은 모든 것이 지연되고 무산되는 것이 전혀 싫지 않았다. 내 성격에 평소 같으면 뭐라 뭐라 잔소리라도 했을 법한데 그런 마음이 전혀 들지 않았다. 매사에 꿈지럭거리는 것처럼 느껴지는 아들의 '리듬'을 온전히 받아들이고, 그 리듬에 나를 맞춰 움직이기로 생각을 바꿔 먹으니 여행 내내 마음이 잔잔한 호수처럼 평온했다.

아들이 아빠를 위해 자신의 귀중한 1박 2일을 내준 것에 대한 답례로, 나는 아들의 리듬에 맞춰 내 성격과 생체 리듬을 기꺼이 조절했다. 짧은 여행을 마치고 집에 돌아와 제 방에 들어간 아들이 핸드폰으로 문자를 보냈다. 이렇게 적혀 있었다.

"아빠, 함께 해주셔서 고마워요."

나도 질세라 곧바로 답 문자를 보냈다.

"아들, 아빠야말로 정말 고마워."

중환자실 앞에서

2019년 4월 2일 서울 반포에 소재한 서울성모병원 중환자실을 방문했다. 잘 아는 분의 조카가 교통사고로 의식불명인 채 입원해 있었다. 그는 당시 스물여덟의 젊은 여성으로, 올림픽대로에서 끔찍한 교통사고를 당해 두개골이 함몰되었고 그 결과 뇌가 거반 죽은 상태였으며 팔다리 골절도 심했다. 지인은 자기 조카의 상태를 내게 알려주며 꼭 한 번 방문해서 기도해달라고 간곡히 부탁했다.

사고 피해자의 어머니와 의논하여 중환자실 면회 시간에 맞춰 방문 약속을 잡았다. 면회 시간 30분 전쯤 중환자실 앞에 도착하자 내가 방문하기로 미리 약속을 잡았던 분이 또 다른 환자 어머니 한 분과 함께 기다리고 있었다. 두 사람은 중환자실 대기실에서 처음 만나 가까워진 사이였다. 공교롭게도 두 사람의 딸이 동갑이어서 더욱 가까워졌다고 했다. 한 딸은 교통사고를 당해 의식불명 상태로 몇 달째 누워 있었고, 다른 한 딸은 식도암에서 시작된 암세포가 사방으로

퍼진 상태에서 죽음을 기다리고 있었다. 교통사고를 당한 딸을 둔 어머니가 "목사님이 와서 기도해주기로 했다"고 하자, 말기 암 환자 딸을 둔 어머니가 "그럼 기왕이면 우리 딸을 위해서도 함께 기도해주면 안 되겠냐"고 부탁을 해서 두 사람이 기다리고 있었던 것이다. 암과의 사투를 벌이는 딸의 어머니는 기도를 부탁하고자 일부러 암 병동에서 신경외과 병동까지 건너와 있었다. 그녀는 내게 이렇게 말했다.

"제 딸이 너무 고통이 심해서 날마다 '안락사'를 시켜달라고 울부짖습니다. 그런데 제가 딸을 위해서 해줄 수 있는 게 아무것도 없습니다. 제발 불쌍한 우리 딸을 위해서 기도해주십시오."

면회 시간이 조금씩 임박해오자 중환자실 앞은 삽시간에 환자 가족들로 꽉 찼다. 빈곳이 거의 없었다. 나는 생사의 기로에 서 있는 동갑내기 딸을 둔 두 사람을 데리고 대기실 한쪽 구석으로 갔다. 아무래도 사람들 이목이 있으니 민폐가 안 되는 수준에서 조용히 기도를 해드리고 싶었기 때문이다. 우리 세 사람은 구석에 놓인 의자에 앉아 고개를 숙인 채 나직한 목소리로 기도를 드렸다. 나는 두 엄마의 귀에만 들리도록, 주변의 다른 사람들은 가급적 불편하다는 인상을 못 받도록 아주 조심스럽게, 조용조용 기도를 드렸다. 하나님께서 두 딸에게 자비를 베풀어달라고 나직하지만 간곡히 기도를 드렸다.

기도를 시작한 지 몇십 초나 흘렀을까? 이상한 느낌이 들었다.

우리 세 사람이 기도를 시작할 때만 해도 대기실은 부산한 움직임과 웅성거림으로 가득했다. 그런데 우리가 소근소근 기도하는 도중 사방이 마치 지구의 종말이라도 온 듯 적막함으로 가득했다. 숨소리조차 들리지 않을 정도로 조용했다. 그리고 조금 더 시간이 흐르자, 내 입술에서 흘러나오는 기도 문장이 하나씩 끝날 때마다 여기저기서 '아멘' 소리가 흘러나왔다. 누가 시킨 것도 아닌데, 그리고 누가 기도를 한다고 알려준 것도 아닌데, 중환자실 대기실에 모여 있던 사람들이 다 같이 한마음으로 기도를 드리는 장면이 펼쳐진 것이다.

사랑하는 누군가의 생사가 걸려 있는 곳, 사랑하는 누군가가 생사의 경계에서 혈투를 벌이는 곳, 바로 그 중환자실 앞에서 다 함께 경건하게 손을 모으고 기도를 드리던 사람 중에는 개신교인이나 가톨릭 신자도 있었겠지만 필경 불교 신앙을 가진 분도, 무신론자도, 불가지론자들도 있었을 것이다. 하지만 생면부지의 목사가 한쪽 구석에서 기도하는 동안 함께 고개를 숙이고 마음을 모았던 사람들에게 그런 종교의 구별 따위는 중요하지 않았다. 최소한 그 순간만은 그랬다. 그때 그 자리에 있었던 모든 사람은 한마음 한뜻으로 '신의 은총'을 갈구했다. 신이 정말 계신다면, 신의 속성이 정말 사랑이시라면, 신이 자신이 만든 피조물을 정말 긍휼히 여기는 존재라면 '제발 내 가족을 살려주십시오'라는 소리 없는 절규가 중환자실 앞 공간을 가득 채웠다.

사랑하는 누군가를 위해 중환자실 앞에 가보지 않은 사람은 '인간이 얼마나 연약한 존재'인지를 알 수 없다. 그리고 자신과 사랑하는 사람의 연약함을 경험한 사람이라면 누구나 '기도'를 드리지 않을 수 없다.

우리가 눈물을 흘리는 까닭은

2020년 7월 11일이었다. 토요일인 그날은 본래 푹 쉬려고 했다. 한 주 동안 말 그대로 빡세게 달렸다. 매일 새벽 3-4까지 교정지를 붙든 채 수많은 문장을 고치고 또 고치면서 글자와의 투쟁을 벌였다. 정신이 아득해지고 몸은 허물어져 갔다. 며칠 전 한 편집자는 내 창백한 얼굴과 쉰 목소리를 보고 혼자 '저러다가 큰일 나겠다'는 생각을 했다고 한다. 일주일 내내 앞만 보고 달렸으니 토요일 하루는 좀 쉬어야 하지 않을까 했다. 그래야 다음 주에 또 열심히 달릴 수 있으니까. (계속 달리기 위해 쉬어야 한다는 것은 얼마나 아이러니한 일인가!)

새벽 다섯 시가 거의 다 되어 잠자리에 기어들어 가는 순간 문득 일주일 전에 잡은 약속 하나가 떠올랐다. 토요일 오후 2시에 누군가의 방문이 예정되어 있었다는 것을, 너무 늦지 않게 깨달았다. 약속을 까먹지 않아 다행이었다. 하지만 그것이 진짜로 다행인가? 다행이겠지, 아무렴 다행이겠지, 그렇지만 힘들어 죽겠다는 생각을 하면서 이미 도망간 잠을 힘겹게 다시 붙잡다 애써 눈 속에 구겨 넣었다.

오전에 눈을 뜨자마자 주섬주섬 옷을 챙겨 입고, 아직도 채 마무리 짓지 못한 교정지를 들고 회사에 나갔다. 기왕 출근하게 된 이상 약속 시간 전까지 한 페이지라도 더 진도를 빼야겠다는 생각이 강했다. 토요일 점심은 늘 그렇듯이 회사 노땅 멤버들과 함께 했다.

약속 시간은 오후 2시였다. 평소 같으면 식사 후 함께 빙 둘러앉아 커피를 마시며 수다라도 떨겠지만 그날은 그럴 기분도 안 나고, 또 밀린 일이 너무 많아서 여력이 없었다. 식사 후 약속 시간까지 50분 정도 여유가 있었다. 물론 그사이에도 부지런히 교정을 봤다. 마침내 정각 2시를 가리키는 시곗바늘을 확인하고 회사 카페로 내려갔다. 만나기로 했던 그가 나보다 약간 일찍 도착해서 기다리고 있었다.

우리 둘은 오늘 처음 만나는 사이다. 그는 인상이 서글서글하고 키가 훤칠했다. 퍽 호남이었다. 삼성전자의 한 부서에서 수석 엔지니어로 근무 중인 그는 얼마 전 임파선암 4기 판정을 받고, 이번 주에 처음으로 항암치료를 받았다. 암이란 괴물이 그의 몸을 허락 없이 침범하지 않았으면 아마도 우리는 평생 서로 만날 일이 없었을지 모른다. 예기치 못한 고난이 인생의 방향을 바꾸고, 만남을 재조정한다.

우리는 커피 한 잔을 사이에 두고 이야기를 나눴다. 대화 중에 문득 '종교' 이야기가 나왔다. 뜻밖에도 그는 자신이 유아세례를 받았다고 했다. 그러다가 학창 시절 어머니가 갑자기 불교로 개종을 하는 바람에, 그때부터 타의에 의해 일종의 '종교 미아'가 되었다고 했다. 성인이 되고, 취업을 한 후로는 사는 것이 너무 바빠서 종교를 완전히 잊고 살았다. 어느새 마흔을 훌쩍 넘겼고, 이제 좀 자리 잡고 살 만하니 암이라는 불청객이 찾아온 것이다. 4기 암이라는 진단을 받고 나니, 눈앞이 아득해지고 머리가 멍해졌단다.

나는 따뜻하지만 종교적이지는 않은, 뻔하지만 판에 박히지는 않은, 가볍지만 촐싹거린다는 느낌이 들지 않게 그를 위로하려 했다. 그리고서 한마디 했다. "항암치료 잘 받고 건강해지면 신앙생활 열심히 해요"라고. 그는 가벼운 눈웃음으로 대답을 대신했다. 내가 한마디 더 보탰다.

"세상에는 기적이란 게 있으니까, 기도하면 혹시 기적이 일어나기도 하니까, 너무 걱정하지는 말고요."

그는 이번에는 좀 더 환한 얼굴로 웃었다. 우리는 화제를 바꿔 다른 이야기를 나눴다. 그리고 헤어지기 전에 함께 기도를 드렸다. 나는 나지막한 목소리로 그의 건강과 미래를 위해서 간곡히 기도를 드렸다. 그는 아무런 반응이 없다. 그저 눈을 감고 조용히 듣기만 하는 듯했다. 우리가 앉은 카페에는 아주 조용한 기도 소리만 얕은 개울물이 흐르듯이 번져나갔다. 기도를 마친 후 탁자 건너편에 앉은 그를 보니, 웬걸 손등으로 눈물을 훔쳐내고 있었다. 그는 정확히 세 번에 걸쳐 손으로 눈물을 닦았다.

그렇다. 사람은 웅장한 덩치와 광휘를 자랑하는 신학이나 교리로 인해 눈물을 흘리지 않는다. 사람이 우는 것은 '이해'받고 '사랑'받을 때다. 자신의 숨겨진 속마음을 누군가 부드럽게 만져줄 때다. 그때 눈물샘이 터진다. 그 일을 하는 분이 바로 하나님의 보혜사인 성령님이시다.

예수님께서는 그분의 제자들에게 이렇게 말씀하셨다.

"내가 너희를 사랑한 것 같이 너희도 서로 사랑하라."

사랑에는 국경도, 인종도, 종교 간의 장벽도 없다. 세월이 흐르면서 나는 그 사실을 또렷이 알아가고 있다. 내가 누군가를 사랑하고 그를 위해서 시간과 에너지를 쏟는 것은 반드시 그가 기독교인이어서가 아니다. 그리스도인은 사랑을 받아야 할 사람이 누구든 간에, 그가 이슬람교인이든, 불교도든, 무신론자든, 성소수자든 관계없이 하나님께서 그들을 사랑하라고 하셨기 때문에 그를 사랑하는 것이다.

나는 어제보다 오늘, 그리고 오늘보다 내일 더 많이 사랑하고 싶다. 내 사랑이 하루에 1밀리미터씩이라도 커졌으면 좋겠다. 우리 모두가 서로 사랑하고 사랑받으며, 그래서 많은 사람의 눈물보가 터

져 그 눈물들이 모여 세상을 살리는 강이 되었으면 좋겠다. 그런 일
이 실제로 일어날 때 우리의 눈물샘은 마치 구약성경 에스겔 47장에
나오는 성전의 생명샘과 같아지리라.

　미팅이 끝난 후 아담한 우리 회사 건물을 나서면서 그가 씩씩한
목소리로 약속한다.

　"또 찾아뵙겠습니다."

　"그럽시다. 항암치료 잘 받고 꼭 건강해져서 자주 봅시다."

　부디 그가 암을 이겨내고, 남은 생애를 행복하게 살아가길 바라
는 마음이 크다.

카페 매니저님이 세례를 받다

새물결플러스는 2008년 8월부터 2015년 9월까지 서울 목동에 있다가 2015년 10월 1일부로 당산동으로 자리를 옮겼다. 회사를 목동에서 당산동으로 옮긴 이유는 출판사와 더불어 아카데미 운동에 박차를 가하기 위함이었다. 2008년 이후 약 7년간 신학 도서를 만들면서 단순히 책을 만드는 것만으로는 한국교회의 지적인 생태계를 바꾸는 데 한계가 있음을 절감했다. 한국교회의 지적 소양을 높이려면 좋은 책을 만드는 것뿐 아니라 뜻있는 사람들이 한데 모여 공부하는 '공간'을 창조하는 것 역시 매우 중요하다는 생각이 들었다. 그래서 과감히 당산동에 150평 규모의 공간을 임대해(1년 후 300평으로 확장) 새물결아카데미를 시작했다. 이를 바탕으로 더욱 많은 목회자와 일반 신자들이 경제적 부담 없이 다양한 분야의 신학을 공부할 수 있도록 상당수 강좌를 무료로 제공하기로 했다. 더 나아가 기왕이면 뜻있는 '청년'들이 많이 왔으면 하는 마음에 그들을 위해 회사 안에 '무료 카페'를 만들었다. 물론 이 모든 비용은 전적으로 새물결플러스가 감당하도록 설계했다. 사실 누가 봐도 미친 생각이었다. 자체 생존도 버거워서 쩔쩔매는 신학 도서 전문 출판사가 자신보다 덩치가 큰 아카데미와 무료 카페를 운영하겠다니 얼마나 난센스인가? 하지만 나는 그 일이 하나님께서 도와주시면 꼭 못할 일도 아니라는 믿음이 있었다. 아니, 믿음이라기보다는 수준 높은 아카데미 운동을 통해 기필코 한국교회의 지적 생태계를 혁신해야 한다는 절박한 '사명감'을 느꼈다. 그래서 좌고우면하지 않고 그 일을 밀어붙였다.

회사를 당산동으로 옮길 무렵 페이스북에 글을 하나 썼다. 회사 내 무료 카페에서 근무할 바리스타를 한 명 뽑을 예정이라는 내용이었다. 그때 당시 내 비전과 구상은 명확했다. 회사가 적지 않은 비용을 들여 무료 카페를 운영하는 가장 큰 이유는 특별히 청년들이 한 사람이라도 더 많이 와서 공부하도록 유도하기 위함이었다. 따라서 카페 바리스타도 기왕이면(사실은 100%) 이십 대로 채용할 생각이었다. 그래야 카페에서부터 젊은 기운이 꿈틀거릴 것 같았다. 그런데 초장부터 일이 틀어졌다. 내가 쓴 글을 본 이윤호 선생이 곧바로 연락을 해온 것이다. 불과 5분도 안 되는 짧은 시간이었다. 말 그대로 삽시간에 벌어진 일이었다. 이 선생은 내게 자기 아내를 바리스타로 채용해주면 고맙겠다고 부탁했다.

몹시 난감했다. 이 선생의 부탁을 들어주려면 카페를 만들려고 했던 애초의 계획이 대대적으로 수정되어야 할 것 같았다. 왜냐하면 이 선생의 아내는 일단 나이가 오십 중반이었고, 바리스타 경험도 적었으며, 무엇보다 '종교'가 없었다. 그 가운데서 특히 마지막 부분이 걸렸다. 주지하듯 새물결플러스는 기독교 회사고, 직원들도 100% 기독교인들로 이루어져 있다. 직원 중 절반 이상이 목사 혹은 신학박사다. 게다가 매일 아침 직원 예배를 드리고 난 다음 근무를 시작한다. 이런 회사에 비기독교인이 입사하게 되면 피차간에 어색한 상황이 벌어지고 결국 회사의 단합이 깨질 것 같은 걱정이 앞섰다.

그렇다고 이 선생의 부탁을 단칼에 거절하기도 쉽지 않았다. 일단, 누군가의 부탁을 잘 거절 못하는 내 성격도 한몫했지만, 더 근본적인 이유는 당시 이 선생 가정이 경제적으로 여의치 않은 상황이라는 것을 잘 알고 있었기 때문이다. '이걸 어떻게 하나?' 근심이 깊어졌다. 야심 차게 카페를 시작해보려고 했던 내 계획이 첫걸음을 떼기도 전에 암초를 만난 것이다. 잠시 머리카락을 쥐어뜯던 나는 눈을 감고 "하나님, 이 문제를 어떻게 해야 하나요? 이 선생의 부인이란 사람은 대체 어떤 사람인가요?"라고 여쭤봤다. 그때 이런 문장이 마음속에 떠올랐다. "그 사람이 교회는 안 다니지만 사람 하나는 참 좋다." 사람이 좋다고? 그럼 됐다 싶었다. 그렇게 해서 강선령 님이 우리 회사 카페의 매니저로 오게 되었다.

2015년 10월부터 시작하여 강 매니저님을 가까이에서 겪어보니 정말 사람이 참 좋았다. 신앙은 없었지만 오히려 교회를 열심히 다니는 어지간한 신자들보다 더 신실했다. 늘 밝고 자상하게 웃는 미소는 일품이었다. 우리 직원들은 물론이고, 회사를 출입하는 모든 사람이 다 그 친절에 감동을 받았다. 하지만 여전히 그녀는 신앙만은 갖지 않았다.

우리 직원들은 식사 전 항상 식사 기도를 하는 데 반해 그녀는 남들이 고개를 들 때까지 혼자 눈을 뜬 채 기다리는 일이 4년 이상 반복되었다. 업무와 관계된 일에는 손발이 척척 맞았지만 신앙과 관계된 일에는 어떤 보이지 않는 선이 존재했다. 그녀의 종교적 신념을 보장하기 위해 직원 모두가 조심했다. 나 역시 단 한 번도 그녀에게 '신앙'을 권유하지 않았다.

2019년에 접어들며 그녀의 행동에 기묘한 변화가 나타나기 시작했다. 그녀가 카페에서 혼자 성경을 읽는 모습이 자주 목격되었다. 새물결아카데미에서 진행하는 '바이블클래스' 성경공부에도 열심히 참석했다. 어느 순간부터는 식사 전에 가지런히 손을 모으고 기도를 했다. 대화 중에 자연스럽게 '하나님', '예수님'이란 표현을 쓰는 일이 잦아졌다. 우리 중 누구도 그녀에게 기독교 신앙에 귀의할 것을 강제하거나 요청하지 않았음에도 불구하고 그녀의 마음 한가운데서 성령님이 강렬하게 역사하셨던 것이다.

224

2020년 6월 23일 오후 1시 30분에 L 선생의 세례식이 새물결아
카데미 대강의실에서 열렸다. 그는 동두천의 한 고등학교에서 30년
간 학생들을 가르치다가 얼마 전 퇴직한 전직 교사였다. 평소 기독교
에 대해 굉장한 반감을 품고 있던 그는 인터넷 서핑을 하던 중 우연
히 '바이블클래스'를 발견하고 '성경에 대해 한번 알아볼 요량'으로
시청을 시작했다가 얼마 지나지 않아 바이블클래스에 완전히 빠져
서 나중에는 스스로 '믿음'을 갖게 된 분이었다. 유튜브에서 우연히
발견한 성경 강좌를 통해 기독교로 급격히 '회심'한 L 선생의 모습을
눈여겨본 동료 교사가 그 후 우리 회사로 연락을 해서 내가 꼭 그의
세례를 집례해주면 고맙겠다고 부탁했다. 우리는 세례식을 거행하
기 일주일 전에 미리 만나서 서로 인사를 나누고 신앙고백을 확인하
기로 했다. 그 자리에서 L 선생은 놀라운 간증을 했다. 자신의 가까운
친척이 간암 말기 환자였는데 자신이 그 문제를 놓고 하나님께 열심
히 기도를 했더니 완치되었다는 것이다. 그는 아직은 자신의 본가와
처가 식구 중에 기독교 신자가 아무도 없는 관계로 그 일을 혼자서만
마음에 담아두고 있다 했다. 그 만남이 있고 난 지 정확히 일주일 후
나는 L 선생에게 성부와 성자와 성령의 이름으로 세례를 베풀었다. L
선생은 행여 가족들이 세례를 받는 사실을 눈치챌까 싶어 조심스레
혼자 왔고, 우리 직원들이 꽃을 정성스럽게 준비하여 한껏 축하했다.
당연히 그 자리에는 강선령 매니저님도 함께 있었다.

L 선생에게 세례를 베푼 다음 나는 왠지 마음 한쪽이 개운치 않았다. 일종의 경건한 부담 같은 것이 마음을 짓눌렀다. 며칠간 묵직한 중압감이 계속 뇌리를 떠나지 않았다. 그래서 결국 말을 꺼냈다. "매니저님, 혹시 매니저님도 세례를 받으실 마음이 있으세요?" 그랬더니 일말의 주저함도 없이 "그렇다"는 대답이 돌아왔다.

2020년 7월 16일, 새물결아카데미 대강의실을 빼곡히 매운 사람들의 축하를 받으면서 하나님의 사랑하는 딸 강선령의 세례식이 거행되었다. 그 자리에는 여든셋의 연로한 이만열 교수님도 일부러 찾아와서 함께하셨다. 세례 문답을 하나씩 진행할 때마다 매니저님의 목소리가 파르르 떨렸다. 머리 위에 손을 얹고 '성부와 성자와 성령'의 이름으로 세례를 주는 순간 벅찬 감동을 이기지 못한 그녀가 마침내 울음보를 터트렸다. 그녀가 2015년 10월 우리 회사에 입사한 이래로 정확히 4년 10개월 만에 공식적으로 그리스도인 됨을 공표하는 순간이었다. 매니저님뿐 아니라 청중석에서 그 광경을 지켜보던 많은 사람이 연신 눈물을 훔쳤다. 우리는 다 같이 기쁜 마음으로 울었다.

2천 년대 들어 한국 개신교회는 가파른 쇠퇴를 경험하고 있다. 많은 사람이 교회에 대한 반감과 회의 때문에 등을 돌리고 교회를 떠났다. 특히 2020년에 발생한 코로나19 사태는 이런 경향에 기름을 확 부었다. 그런 와중에 우리는 두 명의 '잃은 양'이 하나님의 '우리'

안으로 돌아오는 놀라운 경험을 했다. 그것도 자기 발로 말이다.

어느 결혼식

2020년 10월 18일 오후 5시 서울 잠실의 모 한정식 집에서 K 군과 L 양의 결혼 예배가 열렸다. 결혼 예배는 코로나19 팬데믹 상황임을 감안하여 양가 식구들만 모여 단출하게 드려졌다. 외부 사람으로는 유일하게 초청받은 나는 두 사람의 결혼을 지켜보며 흐뭇한 미소를 감출 수 없었다. 약간 과장하면, 흡사 우리 아이들이 결혼하는 것을 바라보는 듯한 심정이었다.

내가 두 사람을 함께 처음 만난 것은 2019년 6월이었다. K 군은 우리 회사에서 한 달에 한 번씩 정기독자들에게 도서를 발송하는 날이면 어김없이 찾아와 자원봉사를 자청했다. 그는 서울의 유명 대학에서 성악을 전공한 젊은이였다. 나는 특별한 인연도 없는 낯선 청년이 언젠가부터 한 달에 한 번씩 찾아와서 무료로 도서 포장 작업을 돕는 것에 대해 마음의 빚을 느끼고 있었다. 그러다가 K 형제가 한동안 독일에 나가서 진로를 모색할 기회가 생겨 더 이상 도서 포장 작업을 할 수 없다는 이야기를 전해 들었다. 그는 독일로 출국하기 전에 자기를 위해 축복기도를 해준다면 더할 나위 없이 고맙겠다고 했다. 평소 그에게 작은 마음의 빚을 느끼고 있던 나는 흔쾌히 그러자고 했다.

만나기로 약속한 날 그는 여자친구와 같이 나타났다. K 혼자 올 줄 알고 있었던 나는 살짝 당황했지만 짐짓 아무렇지 않은 척했다. K의 여자친구는 캐나다에서 대학을 졸업하고 귀국하여 수년간 영어유치원 등에서 근무했으며 당시는 집에서 쉬고 있었다. 한 사람은 국내에서 대학을 졸업한 후 놀고 있었고, 다른 한 사람은 해외에서 공부한 후 직장 생활을 하다 쉬고 있었다. 말하자면 둘 다 백수였다.

우리는 이런저런 이야기를 많이 나눴다. 나는 두 사람에게 '언제쯤 결혼할 예정'이냐고 물었다. 두 사람은 선뜻 대답을 못했다. 사실 여건만 된다면 당장에라도 결혼하고 싶지만 그럴 수 있는 형편이 아니어서 그랬을 것이다. 잠깐의 침묵이 흐른 후 L 양이 무겁게 입을 열었다. "일단 둘 다 직장을 구하고 나서 3년쯤 후에 결혼할까 해요." 아마 누구든 그렇게 대답했을 것이다. 그렇지만 내 생각은 달랐다. 나는 (성령께서 주시는 감동을 따라) 두 사람에게 기왕이면 최대한 빨리 결혼하는 것이 좋겠다고 했다. 그 말을 듣는 두 사람의 표정이 떨떠름했다.

나는 이번에는 L에게 "무슨 직장을 구하고 있냐", "무슨 일을 해보고 싶냐"고 물었다. 그녀는 "사실은 오래전부터 마음 한쪽에 북디자이너에 대한 꿈이 있었어요"라고 했다. 나는 그럼 북디자인 공부를 한 적이 있냐 되물었고, 그녀는 한 번도 디자인 공부를 해본 적이 없다고 했다. 조금 어이가 없었다. 북디자인 공부조차도 전혀 해본 적이 없으면서 북디자이너가 되고 싶다는데 어찌 황당하지 않겠는가.

나는 갑자기 고민이 되었다. '어떻게 해야 이 두 사람이 빨리 결혼할 수 있도록 도울 수 있을까' 싶었다. 일단 그 두 사람이 하루라도 빨리 결혼을 하려면 둘 다 서둘러 취직부터 해야 했다. 그리고 L은 북디자이너가 되고 싶어 했다. 그렇다면 내가 어떻게 해야 이 둘을 도울 수 있을까? 나는 잠시 망설인 끝에 한 가지 제안을 했다.

"그럼, L 자매가 우리 회사에 취직해서 북디자인을 배우면 어떻겠어요?"

사실 나로서는 엄청난 모험이었다. 북디자인을 전혀 모르는 사람에게, 정식 월급을 주면서 북디자인을 기초부터 배울 기회를 제공한다는 것은 비즈니스를 본업으로 하는 기업 입장에서는 상당한 리스크가 따르는 일이었다. 하지만 두 '청년'을 위해 기꺼이 그 리스크를 떠안기로 했다. 그렇게 해서 L 자매는 9월부터 출근하기로 했고, 결국 2019년 가을부터 우리 회사의 일원이 되었다. 그녀는 정말 북디자인의 abc부터 하나씩 배워가며 회사 생활을 했다. 그리고 나는 그녀에게 꼬박꼬박 월급을 주었다. (그녀가 표지와 내지 모두를 디자인한 첫 책은 2020년 6월에 나온 『코로나19 이후 시대와 한국교회의 과제』다.)

그사이 독일로 출국했던 K 형제는 몇 달 후 귀국했고, 웹 디자인을 배워 새로운 도전을 시작했으며, 다시 6개월 뒤 작은 기업에 웹디자이너로 입사하는 데 성공했다. 이렇게 해서 두 사람 다 넉넉하지는 않지만 이제 당당히 돈을 벌게 되었다.

그러자 두 사람은 1년간 미뤄놓은 결혼 이야기를 진지하게 재개했고, 신혼부부를 위한 행복주택에 당첨되면 곧바로 결혼식을 올리기로 약속했다. 그리고 2020년 9월 말에 10:1의 치열한 경쟁률을 뚫고 서울 신길동에 위치한 행복주택에 입주할 수 있는 자격을 얻었다. 모든 것이 일사천리로 진행되었다. 전혀 거침이 없었다. 마침내 두 사람은 10월 18일에 양가 식구들을 모시고 결혼예배를 드렸다. 두 사람의 결혼예배를 인도하는 동안 내 입가에는 웃음이 그칠 줄 몰랐다.

2020년 11월 4일 오후 1시, 나는 마포구 아현동을 출발하여 충정로를 거쳐 남대문까지 사박사박 걸었다. 따사로운 가을 햇살이 부드럽게 내 어깨 위로 내려앉았고, 천천히 내딛는 걸음걸음마다 노란 은행잎이 슬금슬금 따라왔다. 20여 분을 천천히 걸으면서 가끔은 파란 하늘을 올려다보았고, 가끔은 붉은 단풍잎을 핸드폰에 담았으며, 한편으로 마스크를 쓰고 도심 거리를 오래 걷는 게 쉽지 않다고 생각했다.

내가 그날 남대문을 찾은 건 회사 카페 매니저님에게 작은 카메라를 하나 선물하기 위함이었다. 다른 이유는 없었다. 일전에 보니 매니저님 카메라가 거의 골동품 수준이었다. 기회가 되면 신품으로 하나 선물해야겠다는 마음을 먹었고 그날 그 마음을 실천에 옮긴 것이다. 이런 글을 쓰면 마치 내가 엄청난 부자라도 되는 것 같고, 또는 꽤 사랑이 많은 사람 같아 보일지 모르나 꼭 그렇지는 않다. 다만, 지난 5년여간 매니저님과 함께 지내면서, 일 년에 두 차례씩 명절 때마다 매니저님이 나보고 과일이라도 사서 집에 들어가라고 찔러준

돈을 고스란히 모아놓은 게 있었고, 또 몇 달 전에는 세례식을 베풀어줘서 고맙다고 따로 챙겨준 것도 있었다. 그 돈에 내가 약간의 현금을 더 보태면 매니저님이 최소 5년 이상 기계적 작동 따위는 신경 쓰지 않고 마음껏 사진을 찍을 수 있는 새 카메라를 하나 살 수 있을 것 같았다.

내가 자주 가는 카메라 가게는 남대문 수입상가 1층에 있다. 지난 27년간 여러 카메라 가게를 전전했다. 그러다가 5년 전 거래를 시작한 이 가게와 계속 단골을 맺고 있다. 처음 이 가게를 방문한 것은 2015년 어느 날이었다. 수입상가 지하 1층으로 내려가다 한쪽 귀퉁이에 달랑 책상 하나 놓고 카메라를 팔고 있는 젊은 사장이 눈에 띄었다. 속으로 '저렇게 허름하게 장사를 해서 카메라가 팔리겠나' 싶어 '나라도 하나 사줘야겠다'는 측은지심(?)에 결국 그에게 카메라를 샀다. 그것이 우리 두 사람의 인연의 시작이었다.

그 후 기회가 닿을 때마다 그이한테서 카메라 관련 물품을 구매

했다. 어느 정도 친숙해졌다고 느꼈는지 한번은 그가 나에게 사적인 질문을 했다. "사장님, 근데 제가 하나 궁금한 게 있는데 사장님은 직업이 뭐예요?" 나는 '출판사 대표'라고 하려다가 그냥 '목사'라고 답했다. 그는 깜짝 놀라는 표정으로 "아, 목사님이셨구나…, 실은 제 아내도 교회를 열심히 다닙니다. 아내가 저보고도 함께 다니자고 하는데…, 저는 이상하게 교회에 별로 마음이 안 가더라고요"라고 했다.

그날 우리는 자연스럽게 카메라 대신 '종교' 이야기를 한참 나눴다. 대화 중에 내가 뜬금(?)없이 무슨 이야기를 툭툭 던지면, 그는 화들짝 놀라며 이렇게 반문했다. "와, 목사님, 그걸 어떻게 아세요? 혹시 제 뒷조사하셨어요? 신기하네, 어떻게 저를 이렇게 잘 아시지…." 나는 말없이 그냥 씩 웃었다. 이야기가 파할 즈음 자리에서 일어나며 내가 한마디 했다. "사장님, 다음 주부터 아내하고 교회에 같이 다녀봐요. 내가 보기엔, 사장님이 교회에 다니면 하나님께서 복을 많이 주실 것 같아." 그는 영혼 없는 목소리로 간단히 "네"라고 답했다. 고객 관리 차원에서 의례적으로 하는 대답이란 생각이 들었다.

그런데 그게 전혀 아니었다. 1년 후 다시 그를 찾았을 때 나는 그가 수입상가 지하 1층 귀퉁이를 벗어나 지상 1층에 반듯한 자기 가게를 차렸다는 사실을 알게 되었다. 가게 상호도 '믿음, 소망, 사랑'으로 바뀌어 있었다. 내가 빼꼼 문을 열고 들어서자, 그는 큰 소리로 "목사니임~~" 하면서 반겼다. 그리고 묻지도 않았는데 지난 1년 간 자신에게 일어난 변화를 신나게 들려주었다. 1년 전 내가 다녀가고 난 후 그는 정말 아내와 함께 교회에 나가기 시작했고, 그때부터 갑자기 사업이 잘되기 시작해서 지금은 보다시피 번듯한 가게를 차렸다는 것이다. 그러면서 사족을 덧붙였다. "이게 다 목사님 덕분입니다." 나는 "덕분은 무슨, 그게 다 하나님께서 김 사장님을 사랑하셔서 된 일이지요"라고 받았지만 지난 1년간 그에게 일어난 영적 변화들이 마치 내 일처럼 기뻤다. 이렇게 해서 우리는 더욱 가까워졌다.

2020년 11월 4일 그의 가게 문을 열고 들어가자 여전히 그가 반갑게 맞아준다. 그리고 내가 전화로 미리 부탁한 카메라를 꺼내서 정성스럽게 포장을 시작했다. 카메라를 싸느라 바지런히 손을 놀리던 그가 불쑥 한마디 한다. "근데, 목사님, 저 이제 교회 안 나가요." 엥, 이게 또 무슨 뚱딴지같은 소리란 말인가? 화들짝 놀란 내가 "왜요?" 묻자, 그는 시크한 목소리로 "전광훈 때문에요"라고 답했다. 그는 눈과 손은 카메라에 고정한 채 포장 작업을 계속하면서 말을 이어갔다. "솔직히 올해 전광훈과 그를 추종하는 기독교 신자들을 보면서 엄청나게 분노하고 실망했어요. 그래서 아예 교회에 안 나가기로 했어요." 나는 교회에 잔뜩 실망한 그에게 "기독교인 중에 그런 사람들만 있는 건 아니니 너무 사람 때문에 맘 상하지 말고 본인의 신앙은 자신이 지켜야 한다"는 취지로 잔소리를 해줬지만, 그런 내 말이 그에게 얼마나 도움이 되었는지는 잘 모르겠다.

사실을 말하자면, 교회 때문에 실망하고 속이 상해서 교회를 떠나고 싶은 마음만 놓고 따지자면 내가 그이보다 몇십 배는 더 간절할 것이다. 나는 2020년 1월 전광훈 씨로부터—더 정확하게는 전 씨를 대리하는 법률 사무소(이 법률 사무소 대표는 전광훈 씨가 목회하는 사랑제일교회 장로이자 기독자유당 대표라고 한다)로부터—명예훼손과 모욕죄로 고발되어 현재 재판이 진행 중이다. 경찰과 검찰은 명예훼손 혐의에 대해서는 혐의없음을, 모욕에 대해서는 혐의가 일부 인정된다며 나를 약식 기소했고 법원은 검찰의 의견을 받아들여 50만 원의 벌금형을 결정했다. 하지만 나는 법원의 판단을 받아들일 수 없다며 정식으로 재판을 신청해서 이 문제를 놓고 다투는 중이다.

내가 전 씨로부터 명예훼손과 모욕죄로 고소된 것은 2019년 10월 이후 수개월간 서울 광화문 일대에서 그가 주도한 반정부 집회에 대해 SNS에 신랄하게 비판했기 때문이다. 당시 나는 전광훈 씨가 발설한 "하나님 까불지 마, 까불면 나한테 죽어", "사람들이 나를 가리켜 성령의 본체라고 한다", "하나님이 나한테 문재인(대통령)이 한 달 안에 암으로 죽는다고 가르쳐주셨다" 등등의 발언을 지적하며 신랄하게 비판했다. 그러자 그쪽에서 그 비판 글 중 일부 표현을 문제 삼아 명예훼손과 모욕 혐의로 형사 고소한 것이다. 하지만 이 얼마나 적반하장격인가? 전 씨 본인이 신성모독적인 발언을 서슴지 않은 것은 물론이고, 공공연히 하나님의 명예를 훼손하고 한국교회를 치욕스럽게 한 것에 대해서는 대체 누가 책임을 질 것인가? 더욱이 많은 개신교인이 한국사회라는 특수한 상황에서 배태된 특정 정치적 입장이나 이념에 눈이 멀어 그의 반기독교적 행태를 적극 지지하는 작태(!)를 대체 어떻게 받아들여야 한단 말인가?

내가 더욱 기가 막힌 것은 2020년 10월 고신교단 총회에서 내린 결정이다. 고신교단은 전광훈 씨의 이단 혐의를 조사해달라는 헌의안에 대해 "교단 안에 그를 따르는 신도들이 많은 상황에서 전 씨를 이단으로 규정하게 되면 그를 추종하는 신자들에게 자칫 큰 상처를 줄" 수 있다는 이유로 아예 이단 조사 자체를 거부했다. 반면 같은 총회에서 내게 대하여는 『지렁이의 기도』에 일부 위험한 내용이 나오니 앞으로 교단 소속 신자들이 김요한 목사의 집회에 참석하는 것을 불허한다"고 결정했다. 그 결정문을 읽으면서 나는 정말이지 '뜨악' 했다.

우선, 나는 기도 집회나 부흥 집회 같은 것을 개최한 적이 없다. 나는 현재 한국교회를 위해서 신학 서적을 만드는 사람이다. 종종 개인적으로 사람들이 찾아와 기도 부탁을 하면 뿌리치지 못하고 어쩔 수 없이 도와주곤 하지만 그것에 대해 어떤 사례나 대가를 구하지도 않는다. 그런데 무슨 내가 주최하는 집회에 대한 참석을 금한다는 이야기인가?

다음으로, 고신교단은 『지렁이의 기도』에 나오는 내용 중 "내가 24년 전 기도를 하면서 잠깐 영혼이 몸에서 빠져나와 어떤 세계를 구경하고 온 것"을 놓고 그것이 반기독교적 '유체이탈' 현상이라면서 이단적 표현이라고 규정했다. 그렇다면 전 씨가 공공연하게 "자신의 영혼이 몸에서 빠져나와 (툭하면) 3층천에 올라가서 하나님의 어전회의에 참석한다"고 주장하는 것이나, 자신이 "모세-바울-전광훈으로 이어지는, 하나님의 어전회의에 참석하는 진짜 예언자"라고 주장하는 것에 대해서는 왜 "교단 안에 그를 추종하는 사람들이 많다"는 이유로 면죄부를 주는 것인가? 이 결정에 대해 누구든 양심이 있다면 어디 한번 대답을 해보시라. 왜 진짜 위험한 주장을 아무런 여과 없이 쏟아내는 전 씨에 대해서는 적극 보호하려 하고, 오래전 개인 기도 중에 불가사의한 신비 체험을 했던 것을 비교적 담담하게 회고했던 내 글에 대해서는 그토록 쌍심지를 켜고 불온시하는가?

우리 모두 솔직해지자. 결국 진짜 문제는 '신학'이 아니라 '세속 정치와 이념'이라고 말이다. 신학적으로 어떤 문제가 있더라도 세속 정치 색깔과 좌표가 같으면 우리 편이고, 그렇지 않으면 이단으로 규정해서 매장시키는 것이라고 말이다. 나로서는, 한국의 보수 교단들이 나를 백안시하는 진짜 이유가 내 신학과 신앙 경험보다는 나의 진보적인(?) 정치적 입장에 대한 '혐오'라고 생각한다. 그래서 나는 이런 수준의 한국교회에 유감이 많다.

지난 몇 년간 이제 그만 한국교회를 떠날까 하는 생각을 많이 했다. 부질없는 넋두리겠지만, 지난 12년간 좋은 신학 서적을 보급하고, 괜찮은 공부 모임을 만들어 한국교회를 섬기기 위해 내 나름대로 무던히 애를 썼다. 그 시간 동안 주말도 없이 하루 16시간씩 일을 했고, 내가 번 모든 돈을 다 한국교회를 섬기는 일에 투자했다(모든 매출을 합하면 대략 150억 이상 될 것이다. 물론 그중 상당 부분은 인건비와 도서 제작비로 지출되었다). 그사이 나는 집이 없어 2년에 한 번씩 이곳저곳 싼 집을 찾아 월세를 전전했고 6-7천 원짜리 식사에도 늘 감사했다. 이 모든 게 다 12년 전 저녁마다 교회 강단에 엎드려 신학 서적 출판사를 세워 한국교회를 섬기게 해달라고 기도할 때면 "힘들 텐데 그래도 할 수 있겠냐?"던 그분의 질문에 "예스"라고 대답했던 서약을 지키기 위함이었다. 그런데 결국은 한국교회 일각으로부터 이런 식의 마녀사냥을 당하고 있다. 전후 사정도 전혀 모르는 사람들이 나를 향해 '이단 어쩌고저쩌고하는' 소리를 들을 때마다 당장에라도 이 광적인 집단에서 탈출해야 하는 게 아닌가 하는 충동이 엄습한다. 그때마다 나는 내가 목사가 된 것을 후회하고, 한국 개신교의 일원이라는 것이 싫다.

그런데도 왜 나는 아직도 한국 개신교를 못 떠나고 있는 것일까? 무엇이 나를 주저하게 만드는 것일까? 이 질문에 대한 답을 알

것 같으면서도 잘 모르겠다. 다만 내가 세찬 바람 앞의 갈대처럼 흔들리면서도 계속 제자리에 서 있는 이유는, 그저 내 주변에 마음이 '따뜻한' 그리스도인들이 있기 때문이라고만 말해두자. 사람을 통해 받는 상처들을 사람을 통해 위로받고 있기 때문이라고만 말해두자. 결국 인간의 '온기'를 지닌 그리스도인만이 우리의 희망이라고만 말해두자.

내
인생의
36.5도

Copyright ⓒ 김요한 2020

1쇄 발행 2020년 11월 30일

지은이 김요한
펴낸이 김요한
펴낸곳 새물결플러스

편   집 왕희광 정인철 노재현 한바울 정혜인
        이형일 나유영 노동래 최호연
디자인 윤민주 황진주 박인미 이지윤
마케팅 박성민 이원혁
총   무 김명화 이성순
영   상 최정호 곽상원
아카데미 차상희

홈페이지 www.holywaveplus.com
이메일 hwpbooks@hwpbooks.com
출판등록 2008년 8월 21일 제2008-24호
주   소 (우) 04118 서울시 마포구 마포대로19길 33
전   화 02) 2652-3161
팩   스 02) 2652-3191

ISBN 979-11-6129-184-0 03230

책값은 뒤표지에 있습니다.

이 도서의 국립중앙도서관 출판예정도서목록(CIP)은 서지정보유통지원시스템
홈페이지(seoji.nl.go.kr)와 국가자료공동목록시스템(nl.go.kr/kolisnet)에
서 이용하실 수 있습니다. CIP2020049346